Das magische Baumhaus

Giganten der Lüfte

Mary Pope Osborne

Giganten der Lüfte

INHALT

ANGRIFF DES WOLKENDRACHEN

DER GEHEIME FLUG
DES LEONARDO

WIE ALLES ANFING

Eines Tages tauchte
ein geheimnisvolles Baumhaus
im Wald von Pepper Hill
in Pennsylvania auf.
Die Geschwister Anne und Philipp
kletterten hoch und entdeckten,
dass es voller Bücher war.
Schnell fanden sie heraus,
dass dieses Baumhaus
magische Kräfte hatte.
Sie konnten damit nicht nur
zu all den Orten reisen,
die in den Büchern abgebildet waren,
sondern auch kreuz und quer
durch die Zeit.

Die Geschwister erfuhren,
dass das Baumhaus der Fee Morgan
gehörte, einer zauberkundigen
Bibliothekarin am Hofe von Camelot,
dem sagenhaften Königreich
des König Artus.
Immer wenn das magische Baumhaus
im Wald auftauchte,
wussten Anne und Philipp,
dass Morgan oder der mächtige
Zauberer Merlin einen neuen Auftrag
für sie hatte.
Jetzt warten Anne und Philipp
gespannt auf Nachrichten
aus Camelot ...

Angriff des Wolkendrachen

Ich will nun träumen,
eingeschlafen beim Klang
des Regens und dem Lied
der Frösche.

Gedicht aus Japan

FÜR MERLIN!

Tock, tock, tock!

Philipp träumte, dass ein kleiner weißer Vogel mit dem Schnabel an sein Fenster klopfte. *Tock, tock* ... Ein roter Vogel tauchte auf, der zusammen mit dem weißen Vogel ans Fenster pickte: *tock, tock* ...

„Aufwachen, Philipp!", flüsterte Anne.

Philipp schlug die Augen auf.

„Sie sind da!", sagte Anne.

„Wer? Die Vögel?", fragte Philipp.

„Nein! Teddy und Kathrein!" Anne lief hinüber zum Fenster und winkte nach draußen. „Sie werfen Kieselsteine ans Fenster!"

„Teddy und Kathrein!" Philipp sprang mit

einem Satz aus dem Bett und stellte sich neben Anne ans Fenster.

Die beiden jungen Zauberer aus Camelot standen im Vorgarten. Sie trugen lange, dunkle Umhänge und winkten Anne und Philipp lächelnd zu.

„Bestimmt hat Merlin sie geschickt!", vermutete Philipp.

Teddy machte eine Laufbewegung mit seinen Fingern und deutete auf den Wald von Pepper Hill.

Anne nickte begeistert. „Sie wollen sich am Baumhaus mit uns treffen!", flüsterte sie ihrem Bruder zu. „Zieh dich schnell an, ehe Mama und Papa aufwachen!"

Anne ging aus Philipps Zimmer, drehte sich an der Tür aber noch einmal um. „Oh, und vergiss nicht, den Dianthus-Zauberstab einzupacken!"

Philipp zog sich rasch an, schnappte sich

seinen Rucksack und schaute hinein: Gut, der Zauberstab war drin. Philipp setzte den Rucksack auf und schlich leise nach unten.

Anne wartete schon auf der Veranda.

„Komm, wir gehen!", sagte sie.

Philipp und Anne rannten über den Hof auf den Bürgersteig.

„Ich frage mich, warum sie uns diesmal abholen", sagte Anne.

„Ich frage mich, wohin wir reisen werden", erwiderte Philipp.

„Ich frage mich überhaupt, was passieren wird", meinte Anne.

Die Geschwister überquerten die Straße und rannten weiter in den Wald von Pepper Hill. Es war Anfang März und die Bäume wirkten ganz erschöpft vom langen Winter: Sie sahen grau und vertrocknet aus und hatten noch keine Blätter an den Zweigen.

„Schau, sie warten auf uns", sagte Anne ein wenig atemlos.

Philipp sah nach oben, wo Kathrein und Teddy ihnen vom Fenster des Baumhauses aus zuwinkten.

Philipp ergriff die Strickleiter und kletterte hinauf – Anne dicht hinter ihm. Kaum waren die Geschwister im Baumhaus angelangt, schlangen sie ihre Arme um Teddy und Kathrein.

„Wir sind ja so froh, euch wiederzusehen!", rief Anne.

„Wir sind auch froh, euch zu sehen!", sagte Kathrein. Die schönen wasserblauen Augen des Meermädchens funkelten.

„Allerdings!", bestätigte Teddy. „Es ist schon so lange her!"

„Wie lautet unser Auftrag dieses Mal?", fragte Philipp. „Wohin schickt Merlin uns?"

Teddy warf Kathrein einen Blick zu. „Ich fürchte, Merlin weiß nicht einmal, dass wir hier sind", gestand er. „Wir sind nicht in seinem Auftrag hier, sondern seinetwegen."

„Was soll das denn heißen?", fragte Philipp.

„Merlin geht es nicht gut", erklärte Kathrein. „Er klagt darüber, dass er alt und gebrechlich wird und dass das Leben voller Sorgen ist. Er isst und schläft kaum ..."

„Oh nein!", rief Anne.

„Alle in Camelot möchten ihm gerne helfen", erzählte Teddy weiter, „aber niemand weiß, wie."

„Was können wir tun, um zu helfen?", fragte Philipp.

Teddy suchte aus dem Bücherstapel in der Ecke des Baumhauses ein Buch heraus. „Zu allen Zeiten waren die Menschen überall auf der Welt auf der Suche nach dem Geheimnis des Glücklichseins. Morgan möchte, dass ihr beide vier dieser Geheimnisse findet, um sie mit Merlin zu teilen. Sie vermutet, dass ihr das erste vielleicht hier finden könntet."

Philipp nahm das Buch, das Teddy ihm

reichte, und las den Titel laut vor: „Eine Reise ins alte Japan."

„Wow, super! Wir waren schon einmal in Japan!", rief Anne.

„Das war, bevor wir euch kennengelernt haben!", erklärte Philipp den beiden jungen Zauberern. „Wir haben dort ein spannendes Abenteuer mit Ninjas erlebt."

„Ja, Morgan hat uns davon erzählt!", erwiderte Teddy. „Aber sie sagte, damals seid ihr auf dem Land gewesen. Diesmal müsst ihr in die Hauptstadt reisen."

„Kommt ihr mit?", fragte Anne.

„Leider nicht", antwortete Kathrein. „Wir müssen wieder zurück nach Camelot, um Morgan zu helfen. Seitdem Merlin krank ist, hat sie die meisten seiner Aufgaben übernommen."

„Ihr habt doch den Zauberstab, oder?", fragte Teddy.

„Ja." Philipp
griff in seinen
Rucksack und holte
den Dianthus-Zauberstab
heraus. Der spiralförmig
gedrehte Stab sah aus wie
das Horn eines Einhorns.

„Mithilfe dieses Zauberstabes könnt ihr
euren eigenen Zauber erfinden", sagte Teddy.

„Genau das hat Merlin auch zu uns gesagt,
als er uns den Zauberstab gegeben hat!",
rief Anne.

„Aber er hat uns nicht verraten, wie", wandte
Philipp ein.

„Das ist eigentlich ganz einfach", meinte
Teddy. „Für den Zauberstab gelten drei Regeln.
Die erste lautet: Er bewirkt nur Gutes für
andere. Ihr dürft ihn niemals für euch selbst
gebrauchen."

„Zweitens: Der Zauberstab funktioniert nur, wenn ihr vorher wirklich alles versucht habt", fuhr Kathrein fort. „Ihr dürft auf keinen Fall zu schnell auf seine Zauberkraft zurückgreifen."

„Und drittens: Der Zauberstab funktioniert nur mit einem Zauberspruch, der aus genau fünf Worten besteht", ergänzte Teddy. „Ihr müsst eure Worte also sehr sorgfältig wählen."

„Könntet ihr das bitte alles noch einmal wiederholen?", bat Philipp.

„Keine Sorge, Philipp, ich habe es mir gemerkt", beruhigte Anne ihn. „Wir müssen los. Wir müssen Merlin so schnell es geht helfen."

„Wenn wir jetzt mit dem Baumhaus nach Japan reisen, wie kommt ihr beide dann zurück nach Camelot?", fragte Philipp die beiden jungen Zauberer.

Teddy und Kathrein hielten ihre Hände hoch. Sie trugen beide einen funkelnden blauen Ring.

„Unsere Zauberringe werden uns nach Hause bringen", antwortete Kathrein.

„Und dieses Buch aus der Bibliothek Camelots wird euch beide wieder zurück nach Pepper Hill bringen, sobald ihr eure Aufgabe erfüllt habt", erklärte Teddy und hob ein weiteres Buch vom Boden des Baumhauses auf. Es war das Buch über Pennsylvania, das Philipp und Anne schon von ihren ersten Reisen mit dem magischen Baumhaus kannten.

„Danke!", sagte Philipp.

„Auf Wiedersehen. Und passt gut auf Merlin auf!", sagte Anne.

„Wir werden es versuchen!", versprach Kathrein. Sie und Teddy hoben ihre Zauberringe an die Lippen und flüsterten einige Worte – aber so leise, dass Anne und Philipp sie nicht verstehen konnten. Dann pusteten sie auf ihre Ringe.

Sofort wurden sie immer durchsichtiger, bis sie schließlich ganz verschwunden waren.

Es war still im Baumhaus.

Anne wandte sich an Philipp. „Bereit?", fragte sie.

Philipp nickte. Er deutete auf den Umschlag des Japan-Buches und sagte: „Ich wünschte, wir wären dort!"

Wind kam auf.

Das Baumhaus fing an, sich zu drehen.

Es drehte sich schneller und immer schneller.

Dann war alles wieder still.

Totenstill.

IM KAISERLICHEN
GARTEN

Als Philipp die Augen wieder aufmachte, fiel mildes Morgenlicht auf den Boden des Baumhauses. Rosa Blüten wuchsen an einem Ast vor dem Fenster.

Philipp und Anne trugen weite braune Hosen und braune Seidengewänder mit blauen Schärpen. Ihre Füße steckten in steifen weißen Socken und Strohsandalen. Philipps Rucksack hatte sich in eine Tasche aus Sackleinen verwandelt.

„Haben wir Bademäntel an?", fragte Philipp.

„Das nennt man Kimonos", meinte Anne.

„Ach, stimmt ja!" Philipp erinnerte sich.

„Wo genau sind wir eigentlich gelandet?"

Die Geschwister schauten aus dem Fenster.
Unter dem Baumhaus erstreckte sich ein
wunderschöner Garten, in dem viele Kirsch-
bäume und Weiden wuchsen. Ein Wasserfall
stürzte in einen funkelnden grünen See.

„Einfach irre!", sagte Anne.

Philipp schlug das Japan-Buch auf und
fand ein Bild, das genau diesen Garten zeigte.
Er las Anne vor:

Im 17. Jahrhundert umgab der kaiserliche
Garten den Kaiserpalast in der Hauptstadt
Japans. Die Stadt hieß Edo. Mitte des
19. Jahrhunderts wurde ihr Name in Tokio
geändert.

„Tokio?", wiederholte Anne. „Da wollte ich
immer schon mal hin!"

„Ich auch", sagte Philipp. Er las weiter:

Ende des 17. Jahrhunderts lebte Japan in Frieden und Wohlstand. Kunst und Kultur blühten. Doch während dieser Zeit schottete sich das Land fast völlig von der Außenwelt ab. Niemandem war es erlaubt einzureisen. Die Einwohner Edos wurden regelmäßig kontrolliert, ob sie alle einen Pass hatten.

„Was genau ist eigentlich ein Pass?", fragte Anne.

„Ein Pass ist ein offizielles Dokument, in dem steht, wer du bist", erklärte Philipp. „Darin werden auch alle Länder aufgelistet, in denen du schon warst." Er las weiter:

Jeder, der keinen Pass hatte, wurde als Spion betrachtet und streng bestraft.

„Oje!", sagte Anne. „Wir haben keinen Pass."

Philipp nickte. „Ja, das ist wirklich ein Problem."

„Hey, wir könnten doch den Dianthus-Zauberstab benutzen, um uns Pässe zu machen!", schlug Anne vor.

„Tolle Idee!" Philipp öffnete die Tasche und sah hinein: Der Zauberstab war noch da!

„Halt, warte!", sagte Anne. „Können wir doch nicht! Erinnerst du dich noch an die Regeln? Wir können die Zauberkraft nur zum Wohl anderer einsetzen!"

„Ach, stimmt ja!", sagte Philipp.

„Und wir müssen erst alles versuchen, ohne den Zauberstab zu benutzen", erinnerte Anne ihn.

„Wir haben noch gar nichts versucht", gab Philipp zu.

„Vielleicht sollten wir einfach anfangen,

nach dem Geheimnis des Glücklichseins
zu suchen, und hoffen, dass niemand uns
entdeckt", schlug Anne vor.

"Psst!", machte Philipp. "Hör mal!"

In der Ferne läutete
eine Glocke. Das Läuten
wurde lauter. Dann
hörten sie Pferde.

Philipp und Anne duckten sich und hoben ihre
Köpfe nur so weit, dass sie aus dem Fenster
des Baumhauses spähen konnten. Durch die

blühenden Zweige sahen sie einige Leute durch den Garten kommen.

Der Mann, der die Gruppe anführte, läutete die Glocke. Hinter ihm gingen zwei Männer, die Fahnen trugen und hinter ihnen ritten langsam vier Männer auf Pferden. Alle trugen weite Hosen und lange Hemden. Ihre Köpfe waren kahl rasiert, bis auf einen Knoten schwarzer Haare. Jeder von ihnen trug zwei Schwerter am Gürtel, ein langes und ein kurzes.

Ganz am Ende des Zuges ritt ein Mann mit einem wallenden lilafarbenen Gewand und einem kleinen lilafarbenen Hut. Das Zaumzeug seines großen schwarzen Pferdes war mit roten Quasten geschmückt.

Philipp sah in dem Japan-Buch nach und fand ein Bild von dem Mann auf dem schwarzen Pferd. Er las still für sich:

Im 17. Jahrhundert lebte der militärische
Befehlshaber, den man Shogun nannte,
in einem Palast mit Hunderten von Zimmern
mitten im kaiserlichen Garten.

„Dieser Mann am Ende ist ein Shogun", flüsterte
Philipp seiner Schwester zu. „Er wohnt in einem
riesigen Palast hier im kaiserlichen Garten."
Er las weiter:

Der Shogun wurde oft von seinen
Kriegern begleitet, die man Samurai
nannte.

„Wahnsinn!", flüsterte Philipp. „Die anderen
Männer sind Samurai!" Bei ihrer früheren Reise
nach Japan waren Anne und er nur mit knapper
Not bewaffneten Samurai entkommen.

Samurai waren sehr gute Reiter und
bestens ausgebildet in jeder Form der
Kampfkunst. Die Regeln der Samurai waren
überaus streng. Samurai zeigten niemals
ihre Gefühle und konnten sich ungeheuer
gut konzentrieren.

„Sie sind weg", flüsterte Anne.

Philipp schaute vorsichtig aus dem Fenster.
Der Shogun und seine Samurai-Krieger waren
auf einem schattigen Weg unter den Bäumen
verschwunden.

„Wir sollten den kaiserlichen Garten so
schnell wie möglich verlassen", meinte Philipp.
„Wenn wir hierbleiben, werden wir ganz
bestimmt erwischt."

„Und wie finden wir hier heraus?", fragte
Anne.

Philipp schlug in dem Japan-Buch nach.

Er fand eine
Karte von Edo.
„Schau", sagte
er und deutete
auf die Karte,
„wir müssen

hier über diese Brücke, die von den kaiserlichen
Gärten in die Stadt führt. Die Brücke ist im
Osten des Gartens."

„Die Sonne geht dort drüben auf", stellte
Anne fest und blinzelte ins Morgenlicht. „Das
muss dann also Osten sein! Komm, wir klettern
nach unten und gehen in diese Richtung."

„Guter Plan! Dann gehen wir in die entgegen-
gesetzte Richtung wie diese Samurai!", sagte
Philipp.

„Also dann", meinte Anne und kletterte die
Strickleiter hinunter.

„Sei aber vorsichtig!", mahnte Philipp.

„Wir wollen ja nicht, dass uns jemand in den kaiserlichen Gärten herumschleichen sieht!" Philipp steckte das Japan-Buch ein und schlang die Leinentasche über die Schulter. Als er die Leiter betrat, stolperte er fast über seinen Kimono. „Oh Mann!", stöhnte er, raffte den Stoff zusammen und kletterte vorsichtig nach unten.

Philipp und Anne standen nebeneinander auf einem breiten Weg. Ein Windstoß wirbelte Blütenblätter von den Kirschbäumen durch die Luft und die langen Zweige der Weiden bewegten sich sachte schaukelnd über das Gras.

Die Geschwister gingen nach Osten, wobei sie Augen und Ohren offen hielten, damit sie niemandem begegneten. Sie gingen an Blumenbeeten und großen Felsen vorüber, umrundeten einen Teich mit Schwänen und bogen schließlich auf einen schmalen Weg zwischen blühenden Kirschbäumen ein.

Gerade als sie unter den Bäumen hervorkamen, bemerkten Anne und Philipp vier Männer, die auf sie zukamen. Einer der Männer war kleiner und älter als die anderen. Er trug einen Strohhut, einen zerfledderten braunen Mantel und stützte sich auf einen Stock. Die anderen drei hatten ihre Köpfe rasiert – bis auf einen kleinen Haarknoten auf der Kopfmitte. Von ihren Gürteln baumelten Schwerter.

„Samurai!", flüsterte Philipp.

„Oje", sagte Anne.

„Renn!", rief Philipp.

Philipp und Anne drehten um und rannten den schmalen Weg zurück.

Philipp hörte, dass die Männer ihnen hinterherliefen. „Halt!", schrie einer der Samurai.

Philipp griff nach Annes Hand und stolpernd blieben sie stehen. Außer Atem erwarteten sie die drei Samurai, die auf sie zugerannt kamen.

„Wer seid ihr?", rief einer der Samurai und zog sein Schwert. „Wieso lauft ihr vor uns weg? Seid ihr etwa Spione?"

Philipp wollte gerade antworten, als er eine Stimme hörte: „Baku! Koto!" Der Mann mit dem Stock und dem Strohhut eilte auf sie zu. „Baku, Koto! Was macht ihr denn hier?", fragte er Anne und Philipp. „Wieso habt ihr nicht an der Brücke auf mich gewartet?"

DIE SCHWEBENDE WELT

Die drei Samurai wandten sich zu dem Mann mit dem Stock. „Ihr kennt die beiden, Meister?", fragte einer.

„Ja, natürlich!", antwortete der Mann. „Dieser Junge und das Mädchen sind Baku und Koto, meine beiden besten Schüler!"

„Hallo, Meister!", sagte Anne und tat so, als ob sie den Mann kennen würde. „Wir haben die Brücke nicht gefunden und deshalb ... äh ..."

„... deshalb haben wir Euch gesucht!", ergänzte Philipp.

„Nun habt ihr mich ja gefunden." Der Mann lächelte. „Es tut mir leid, dass meine Freunde euch erschreckt haben."

Der Samurai steckte sein Schwert wieder weg. „Verzeiht mir!", bat er und verbeugte sich vor Philipp und Anne.

„Schon gut!", erwiderte Anne.

Der Samurai wandte sich an den kleinen Mann. „Wir lassen Euch nun mit Euren Schülern alleine", sagte er. „Habt Dank, verehrter Meister, für Euren Besuch bei uns." Alle drei Krieger verbeugten sich vor dem Mann und gingen davon.

„Wieso haben die Samurai diesen Mann bloß verehrter Meister genannt?", dachte Philipp verwundert.

Als die Samurai nicht mehr zu sehen waren, sagte der Mann: „Ich glaube, jetzt seid ihr in Sicherheit."

„Vielen Dank", sagte Anne, „aber ich fürchte, wir sind nicht Baku und Koto."

„Nein, das seid ihr nicht", stimmte der Mann ihr zu. „Aber Spione seid ihr auch keine, oder?"

„Nein", bestätigte Philipp.

„Das habe ich mir gedacht", meinte der Mann. „Deshalb habe ich vermutet, dass ihr meine Hilfe brauchen könntet."

„Vielen Dank!", sagte Philipp.

„Gern geschehen!", erwiderte der Mann. „Möchtet ihr mir jetzt erzählen, wer ihr wirklich seid und wie ihr hier in den kaiserlichen Garten kommt?"

„Wir heißen Anne und Philipp", antwortete Philipp, „und wir ..." Er zögerte. Wie sollte er das alles erklären? Den Besuch von Kathrein und Teddy, Merlins Sorgen, das magische Baumhaus ...?

„Wir sind hierhergekommen, um das Geheimnis des Glücklichseins zu finden", erklärte Anne.

Der Mann lächelte. „Ich glaube, danach suchen wir alle, oder? Ihr müsst sehr vorsichtig

sein, Philipp und Anne. Der Shogun erlaubt es nicht, dass Fremde in unser Land kommen. Wenn ihr ohne Pässe erwischt werdet, könnt ihr schwer bestraft werden!"

„Das wissen wir", sagte Anne. „Aber was sollen wir tun?"

„Vielleicht könntet ihr ein Stück mit mir weiterreisen", schlug der Mann vor. „Ihr könntet für heute meine Schüler Baku und Koto bleiben."

„Das ist eine gute Idee!", sagte Philipp.

„Ihr solltet versuchen, im Einklang mit eurer Umgebung zu sein", fuhr der Mann fort. „Beobachtet die Menschen in Edo und verhaltet euch so wie sie. Wenn ihr nicht auffallt, werden die Samurai euch auch nicht bemerken."

„Verstanden!", sagte Anne.

„Seid im Einklang mit eurer Umgebung. Beobachtet die Menschen in Edo und verhaltet euch wie sie", wiederholte Philipp in Gedanken.

„Dann kommt!", sagte der Mann und ging
mit schnellen Schritten voraus.

Philipp und Anne liefen ihm hinterher.
„Wie heißen Sie eigentlich?", fragte Anne.

„Meine Freunde nennen mich Basho",
erwiderte der Mann.

„Basho? Das ist ja ein süßer Name!" Anne
lächelte.

„Und wieso haben die Samurai Sie verehrter
Meister genannt?", wollte Philipp wissen.

„Weil ich ihr Lehrer bin", antwortete Basho.

„Was lernen sie denn bei Ihnen?", fragte Philipp.

Basho lachte. „Heute haben sie gelernt, der Grille im Holzstapel zuzuhören", erklärte er, „und zu denken wie ein Frosch."

„Klingt cool!", meinte Philipp. Und bei sich dachte er: „Das sind bestimmt ganz besondere Fertigkeiten für Krieger. Eine spezielle Art, einen Feind zu belauschen oder mit einem Schwert blitzschnell herumzuwirbeln." Er erinnerte sich daran, dass die Ninjas auch die Geheimnisse der Natur benutzten, um ihre Feinde besser zu bekämpfen.

Basho führte Anne und Philipp durch ein hölzernes Tor in der hohen Mauer. Dahinter lag eine breite Steinbrücke, die über einen Befestigungsgraben führte.

Auf der anderen Seite der Brücke folgten

sie einem Pfad, der zu einem kleinen Boots-
anleger am Fluss führte.

Zwei Fischer luden Weidenkörbe in ein
langes, flaches Boot. Hunderte glänzender
kleiner Fische waren in jedem der Körbe.

Basho ging auf die Fischer zu. „Guten
Morgen", sagte er.

„Guten Morgen, Meister Basho!", erwiderten
die Fischer und verbeugten sich alle.

„Jeder hier scheint Basho zu kennen!", dachte
Philipp.

„Dürfen meine Schüler und ich mit euch den
Fluss hinabfahren?", fragte Basho.

„Aber natürlich, Meister Basho!", antwortete
einer der Männer. „Es ist uns eine Ehre, Euch in
unserem Boot mitnehmen zu dürfen!"

„Vielen Dank!", sagte Basho.

Philipp und Anne bestiegen hinter Basho das
Boot und setzten sich neben die Weidenkörbe.

Einer der Fischer band das Boot los. Ein anderer stieß es mit einer langen Stange von der Anlegestelle ab. Dann lenkten die Männer das Boot mithilfe langer Stangen auf den Fluss.

Das Boot glitt unter einigen Brücken hindurch, aus dem Schatten in die Sonne und aus der Sonne wieder in den Schatten. Unter einer Brücke fuhr das Boot fast auf Grund. Basho, Anne und Philipp wurden nach vorne geschleudert.

„Vergebt uns, Meister!", rief einer der Fischer Basho zu. „Der Fluss führt ziemlich wenig Wasser."

„Es hat schon so lange nicht mehr geregnet!",
meinte der andere Fischer. „Wir machen uns
große Sorgen!"

„Ja, auch mir bereitet das Sorgen!", sagte
Basho.

Anne drehte sich zu Basho um. „Warum
machen Sie sich alle Sorgen?"

„Wenn es so trocken ist, fürchten die
Menschen in Edo sich vor Feuer", erzählte Basho.
„Während einer langen Trockenzeit vor fünfundzwanzig Jahren wurde die halbe Stadt bei einem
fürchterlichen Feuer zerstört. Tausende sind
dabei elendig umgekommen."

„Wie schrecklich!", rief Anne.

„Ja. Seitdem haben wir alle hart gearbeitet,
um die Hauptstadt wiederaufzubauen",
erklärte Basho. „Jetzt ist Edo noch schöner als
vorher. Seht ihr die Herrenhäuser der Samurai
am Flussufer? Dort sieht man wieder eines!"

Basho deutete zu einer steilen, felsigen Klippe über dem Fluss. Philipp beschattete seine Augen mit der Hand und schaute hinauf zu dem gewölbten Dach und den hohen Steinwänden des Samurai-Palastes.

„Der größte Raum dieses Hauses heißt ‚Tausend-Matten-Gemach'", erläuterte Basho.

„Wieso?", fragte Philipp.

„Weil tausend Bodenmatten in diesen Raum passen", erklärte Basho.

„Cool!", sagte Anne. „Und wo leben Sie, Basho?"

Basho lächelte. „Mein Palast liegt auf der anderen Seite der Großen Brücke."

Philipp überlegte, wie viele Bodenmatten wohl in Bashos Haus passten.

Nach den steilen Klippen wurde der Bootsverkehr dichter. Jetzt schaukelten viele Boote auf dem breiten Fluss: große Segelboote;

Lastkähne, die mit Holz beladen waren,
und Fähren voller Passagiere, die alle einen
Sonnenschirm in der Hand trugen. Das Fischer-
boot glitt zu einer belebten Anlegestelle neben
einem Markt. Auf dem Markt wurden Tausende
glänzender Fische auf Tischen ausgebreitet.
Manche Männer und Frauen verkauften Fische
und andere Meeresfrüchte auch aus Körben,
die sie an Stangen über ihren Schultern trugen.

„Shrimps!", „Thunfisch!", „Tintenfische!",
„Aal!", riefen sie.

„Wartet auf uns, bis wir den Fisch abgeliefert
haben", sagte Basho zu Philipp und Anne.
„Dann fahren wir noch ein Stück weiter den
Fluss hinab!"

Die Fischer machten das Boot am Anleger
fest. Philipp und Anne warteten auf dem
Bootssteg, während Basho der Mannschaft
half, die Körbe auszuladen. Anschließend hob

jeder Mann einen Korb auf seinen Kopf und ging die Treppen zum Fischmarkt hinauf.

„Oh nein!", rief Anne und deutete zum anderen Ende des Anlegers.

Philipp schaute hin und sah, wie etliche Samurai aus einem Boot stiegen. „Schnell, nimm dir auch einen Korb!", sagte er.

Die Geschwister nahmen jeder einen Korb voller Fische. Als Philipp seinen Korb auf den Kopf hob, fielen einige Fische erst auf seine Nase und dann auf den Steg.

„Lass sie liegen und komm!", flüsterte Anne.

Mit den Körben auf dem Kopf folgten Anne und Philipp Basho und den Fischern die Stufen hinauf und lieferten den Fisch bei einer jungen Frau ab. Philipp blickte verstohlen zurück zum Fluss. Die Samurai standen an der Anlegestelle und überprüften den Ausweis eines Mannes.

Philipp bemerkte, dass Basho die Samurai ebenfalls beobachtete. Der kleine Mann wandte sich an die Fischer: „Vielen Dank fürs Mitnehmen!", sagte er. „Wir werden von hier aus laufen!"

Die Fischer nickten lächelnd.

„Gute Idee!", dachte Philipp erleichtert.

„Kommt mit." Basho führte Anne und Philipp weg vom Markt. Bald darauf erreichten sie eine belebte Straße voller Fußgänger und Reisender auf Pferden.

Während sie mit den anderen Leuten

zusammen vorwärtsgingen, dachte Philipp an Bashos Ratschlag: „Seid im Einklang mit eurer Umgebung!" Er versuchte das zu erreichen, indem er ruhig und gleichmäßig voranschritt und die Augen gesenkt hielt. Dabei dachte er besorgt: „Wie sollen wir hier bloß das Geheimnis des Glücklichseins finden, wenn wir uns andauernd vor den Samurai verstecken müssen?"

„Schau dir nur diese Brücke an!", rief Anne.

Philipp hob die Augen. Auf einer hohen, gewölbten Brücke überquerten Hunderte von Menschen den Fluss.

„Das ist die Große Brücke", erklärte Basho. „Sie führt uns aus dem Herzen Edos hinaus zum Ufer des Sumida-Flusses, wo ich wohne."

„Super!", sagte Philipp, denn er hoffte, dass es außerhalb der Innenstadt sicherer für sie sein würde. Dann konnten sie sich vielleicht stärker auf ihre Suche konzentrieren.

Philipp, Anne und Basho mischten sich unter die vielen Menschen, die über die Brücke liefen. Sie gingen im Gänsemarsch ganz nahe am Holzgeländer. Philipp schaute geradeaus und vermied es, jemandem in die Augen zu schauen.

Auf der anderen Seite sah er Leute picknicken und Kinder, die rote Drachen steigen ließen.

„Was ist das dort für ein Berg?", fragte Anne. Sie deutete in die Ferne auf einen Berg mit schneebedeckter Spitze. Die weiße Kuppe des grauen Berges erhob sich über rosaroten Schäfchenwolken.

„Das ist ein Vulkan, der Fudschijama heißt",
antwortete Basho.

„Oh ja, vom Fudschijama habe ich auch schon
gehört!", rief Philipp. „Das ist der höchste Berg
in Japan, oder?"

„Ja, und der schönste!", bestätigte Basho.

„Er ist wirklich wunderschön!", sagte Anne.

Philipp sah sich um. „Eigentlich ist hier
gerade alles wunderschön!", dachte er.
„Die grünen und gelben Sonnenschirme der
Passagiere auf den Fähren, die rosafarbenen
Kirschblüten am Ufer, die roten Drachen und
dazwischen die weißen Möwen am Himmel ..."

„Ich mag Japan!", flüsterte Philipp.

„Ich auch", sagte Basho. „Wir nennen unser Land die schwebende Welt, weil es auf Schönheit zu schweben scheint!"

„Das stimmt!", murmelte Philipp. Und als er über die Große Brücke ging, hatte er das Gefühl, als ob auch er sich in dieser schwebenden Welt befinden würde.

SAMURAI!

Basho führte Anne und Philipp über die Große Brücke und dann in eine belebte Straße. Sie gingen an riesigen Stapeln Holz vorbei und kamen schließlich zu einer Reihe von Bühnen, die am Flussufer aufgebaut waren. Auf der ersten Bühne tanzten Frauen, deren Gesichter weiß geschminkt waren. Sie trugen schimmernde Kimonos und wedelten mit Fächern.

Auf der zweiten Bühne waren Musiker. Sie zupften an Instrumenten mit drei Saiten oder spielten auf Bambusflöten. Ihre Musik klang hoch und seltsam – aber Philipp gefiel sie.

Eine Bühne weiter wurde ein Puppentheater aufgeführt. Die Puppenspieler waren schwarz

gekleidet und bewegten eine riesige Drachen-
puppe über die Bühne. Seitlich stand ein Mann
und erzählte den Zuschauern eine Geschichte.
Dort, wo sie standen, war er schlecht zu verstehen.

„Was sagt er?", fragte Anne.

„Er erzählt die Legende des Wolkendrachen",
antwortete Basho. „Der Wolkendrache ist eines
der Wachtiere der vier Himmelsrichtungen.
Er kann fliegen und herrscht über die Regenwolken."

„Cool!", sagte Anne.

Basho führte sie vorbei an Buden, in denen
Perlen, Drachen und Papierlaternen verkauft
wurden. Ein paar Jungen boten Jojos zum Verkauf
an. Philipp war überrascht, im alten Japan Jojos
zu sehen.

Hinter den Verkaufsbuden kamen Gasthäuser
und Cafés. Die Luft roch nach Gewürzen und
gegrilltem Fisch.

„Lecker", sagte Anne.

Auch Philipp hatte Hunger.

„Möchtet ihr in ein Teehaus einkehren?",
fragte Basho.

„Oh ja!", riefen die zwei Geschwister.

Basho führte sie zu einem kleinen Gebäude,
dessen Vorderseite offen war. Am Eingang
zog Basho seine Sandalen aus. Philipp und
Anne folgten seinem Beispiel. Sie stellten ihre
Sandalen zu den Schuhen, die andere Leute
hier schon in eine Reihe gestellt hatten.

In dem Teehaus rührten Köche in dampfenden Töpfen über Holzfeuern. An flachen Tischen saßen Leute, die mit Stäbchen aßen und aus kleinen Tassen tranken. Etliche Gäste lächelten schüchtern und verbeugten sich vor Basho.

„Basho muss wirklich ein sehr berühmter Samurai-Lehrer sein!", dachte Philipp. Und er fühlte sich auch gleich viel wichtiger, weil er in dessen Gesellschaft unterwegs war.

Basho führte Anne und Philipp zu einem Tisch und ließ sich im Schneidersitz auf der Strohmatte nieder. Anne und Philipp setzten sich ebenfalls. Ein Kellner, der sich ein Taschentuch um den Kopf gebunden hatte, kam schnell zu ihrem Tisch. „Willkommen in unserem bescheidenen Teehaus, Meister Basho!", sagte er.

„Vielen Dank!", sagte Basho.

„Hier in Japan sind alle immer so höflich!", dachte Philipp.

Der Kellner reichte Philipp, Anne und Basho feuchte, warme Tücher. „Vielen Dank", sagten Anne und Philipp.

Sie beobachteten, wie Basho sich die Hände damit säuberte, und machten es ebenso. Dann gaben sie dem Kellner die Tücher zurück.

„Ich hätte bitte gerne Sushi-Teller für mich und meine Schüler", bestellte Basho.

„Danke sehr!" Der Kellner verbeugte sich und ging.

Während die drei auf ihr Essen warteten, beobachtete Philipp die anderen Gäste. Sogar die kleinen Kinder aßen schon mit Stäbchen. Anne und er hatten es in den asiatischen Restaurants zu Hause noch nie so richtig geschafft, mit Stäbchen zu essen.

Schon brachte der Kellner drei Teller voller kleiner Reisküchlein, die in dunkelgrüne papierartige Streifen gewickelt waren. Außerdem

brachte er noch Servietten und drei Paar
Stäbchen.

Nachdem der Kellner sich wieder entfernt
hatte, erklärte Basho leise, sodass es außer
Anne und Philipp niemand hören konnte:
„Wir nennen das hier Sushi. Es ist Reis mit
einem Stückchen rohem Fisch in der Mitte."

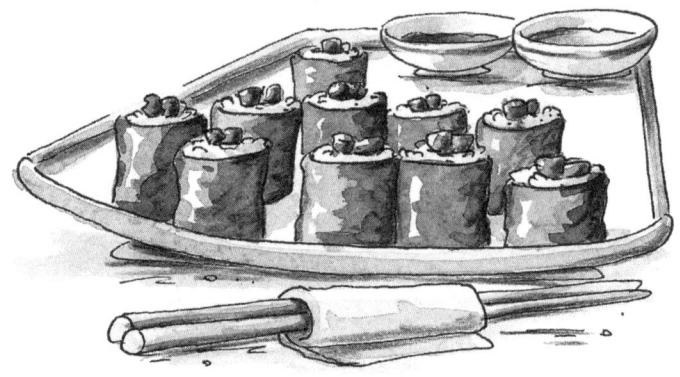

„Roher Fisch?" Philipp schluckte.

„Und was ist das hier?", fragte Anne und
deutete auf die papierartige Hülle.

„Seetang", antwortete Basho.

„Seetang?", wiederholte Philipp.

„Es schmeckt wirklich sehr gut!", beteuerte
Basho.

Philipp war so hungrig, dass er bereit war,
alles zu probieren, selbst rohen Fisch und Seetang. Nur die Stäbchen bereiteten ihm große
Probleme.

„Versuch es mal so, Philipp", sagte Anne und
nahm ein Stückchen Sushi vorsichtig zwischen
die beiden Stäbchen. Philipp machte es genau
wie sie. Sie führten das Essen zum Mund, aber
beide Sushi-Stücke fielen zurück auf den Tisch.
Philipp und Anne lachten und probierten es ein
zweites Mal. Bei Anne klappte es, aber Philipps
Stück fiel wieder hinunter. Ohne weiter nachzudenken, nahm er das Stück in die Hand und
stopfte es sich in den Mund.

„Hmmm!", machte Philipp. Der leicht nach
Essig schmeckende Reis, der rohe Fisch und
der grüne salzige Seetang waren köstlich.

Doch dann erstarrte Philipp vor Schreck: Von einem der anderen Tische starrten ihn zwei Samurai an. Einer der Männer hatte eine lange Narbe im Gesicht. Der andere hatte grimmig dreinblickende, dunkle Augen.

Philipps Kehle war ganz trocken, als er schluckte. „Sie haben gesehen, dass ich nicht mit Stäbchen essen kann!", dachte Philipp panisch. „Sie haben bestimmt gemerkt, dass ich nicht aus Japan komme! Oh Mann!" Er nahm ein weiteres Stück Sushi zwischen die Stäbchen und warf den Samurai einen weiteren Blick zu. Sie beobachteten ihn unablässig mit scharfen Adleraugen.

Philipps Hand zitterte. Er versuchte, ganz ruhig zu bleiben, und erinnerte sich an einen Absatz aus seinem Japan-Buch: Samurai zeigten niemals ihre Gefühle und konnten sich ungeheuer gut konzentrieren.

Philipp strengte sich sehr an, seine Furcht nicht zu zeigen. Er konzentrierte sich darauf, sein Sushi-Stück mit den Stäbchen zu halten. Er führte das Sushi zum Mund und aß es völlig gelassen. Er senkte die Stäbchen, nahm ein weiteres Stück Sushi und aß es seelenruhig auf.

Als Philipp wieder zu den beiden Samurai hinüberschaute, beachteten sie ihn gar nicht mehr.

Philipp atmete erleichtert auf. Er nahm ganz selbstverständlich sein letztes Stück Sushi mit den Stäbchen auf und aß es.

„Sehr gut!", lobte Basho und lächelte ihn an.

„Danke!", sagte Philipp.

„Sollen wir gehen?", fragte Basho.

Er faltete seine Serviette sorgfältig zusammen und legte sie neben seinen Teller. Philipp und Anne machten es ebenso. Basho bezahlte für ihre Mahlzeiten, dann zogen sie am Eingang wieder ihre Schuhe an. Als sie nach draußen traten, hörten sie eine laute Trommel, und am Ufer des Flusses versammelte sich sofort eine große Menschenmenge.

„Was ist denn hier los?", fragte Anne.

„Kommt mit, ich zeige es euch!", antwortete Basho.

Die Leute machten Platz, sodass Basho die Geschwister bis ganz nach vorne führen konnte. Dort war auf dem Boden mit Stroh ein großer Ring ausgelegt. In der Mitte des Kreises hockten zwei ungeheuer fette Männer einander gegenüber. Jeder dieser Männer sah aus, als ob er weit mehr als zweihundert Kilo wiegen würde. Die beiden klatschten in die Hände und stampften mit den Füßen.

„Was sind das denn für welche?", fragte Anne mit großen Augen.

„Das sind Sumoringer", erklärte Basho. „Seit über tausend Jahren sind Sumokämpfe die beliebtesten Sportveranstaltungen in Japan!"

Die beiden Ringer standen einander nun völlig bewegungslos gegenüber. Leicht geduckt und mit geballten Fäusten warfen sie sich finstere Blicke zu. Die Zuschauer schienen zusammen mit den Ringern den Atem anzuhalten. Plötzlich stürzte ein Sumoringer nach vorne und packte den anderen. Jetzt schoben und schubsten die beiden unglaublich dicken Männer einander.

„Sie versuchen, sich gegenseitig aus dem Ring zu drücken", erklärte Basho.

Grunzend und stöhnend bewegten die beiden Männer sich vor und zurück – und die Zuschauer jubelten laut! Dann machte einer der beiden eine schnelle Bewegung und schob seinen Gegner aus dem Kreis. Die Menge tobte. Auch Philipp jubelte mit.

Als der Jubel sich gelegt hatte, fragte Basho: „Der erste Kampf ist vorüber. Sollen wir gehen?"

Doch ehe Philipp oder Anne antworten konnten, traten zwei Samurai vor sie. Einer von ihnen hatte eine große Narbe im Gesicht. Der andere hatte grimmig dreinblickende, dunkle Augen.

„Entschuldigung", sagte der Mann mit der Narbe zu Philipp und Anne. „Dürfen wir bitte eure Pässe mal sehen?"

EIN AUSGEZEICHNETER SCHÜLER?

Philipp stand einfach nur stocksteif da.

Basho trat einen Schritt nach vorne. Als die beiden Samurai ihn erkannten, verbeugten sie sich. „Guten Tag, Meister!"

„Guten Tag", grüßte Basho. „Das sind meine Schüler, Koto und Baku. Ich fürchte, sie haben ihre Pässe heute zu Hause vergessen."

„Die beiden sind Eure Schüler?", fragte der Samurai mit der Narbe.

„Ja, sogar ganz ausgezeichnete Schüler!", sagte Basho. „Sie haben viel Talent."

„Aha!" Die beiden Samurai sahen Philipp und Anne neugierig an. „Würdet ihr euer Talent mit uns teilen?", bat einer der beiden lächelnd.

„Welches Talent?", dachte Philipp verzweifelt.
„Vielleicht irgendein Samurai-Kampf-Talent?"

Basho bemerkte Philipps Ratlosigkeit.
„Vielleicht könntet ihr beide eines eurer
Gedichte aufsagen", schlug er vor.

„Ein Gedicht?", wiederholte Philipp heiser.
„Was für ein Talent soll das denn sein?", fragte
er sich. „Müssen Samurai-Krieger Gedichte
auswendig können?"

„Natürlich", sagte Anne. „Hier kommt ein
Gedicht!" Sie holte tief Luft und begann:

„Funkle, funkle, kleiner Stern,
wer du bist, wüsst' ich so gern.
Ganz hoch über dieser Welt,
wie ein Diamant am Himmelszelt."

Der Samurai mit der Narbe nickte. „Sehr gut,
Koto", lobte er. „Der kleine Stern funkelt wie
ein Diamant."

Der andere Samurai schloss die Augen,

als ob er versuchte, den Stern zu sehen. „Ja, wirklich sehr gut", bestätigte er. „Ein funkelnder Diamant hoch oben am Himmel! Wunderbar!"

Die beiden Samurai wandten sich an Philipp. „Und du, Baku?", fragte einer.

Philipp starrte die beiden an. Ihm fiel gar kein Gedicht ein. Nicht einmal ein Kinderreim.

„Äh ... ein Gedicht? Ja ... Hm, mal sehen. Na gut ..." Er räusperte sich und fing an:

„Ich liebe Japan.

Oh Mann, ja!

Ich finde Japan toll!

Das schöne Land Japan

ist wirklich cool!"

Philipp biss sich auf die Unterlippe. Er wusste genau, dass sein Gedicht schlecht war. Er warf Anne einen Blick zu und sah, dass sie sich große Mühe gab, nicht zu lachen.

Der Samurai mit dem finsteren Blick sagte zu Basho: „Das ist ein ausgezeichneter Schüler?"

Basho nickte. „Na ja ... doch ... Baku hat ein besonderes Talent. Er muss natürlich noch viel lernen, aber das Talent ist vorhanden!"

Der Samurai runzelte die Stirn. „Ihr habt gesagt, dass er seinen Pass zu Hause vergessen hat, Meister Basho. Wo ist sein Zuhause?"

In diesem Augenblick schlug die Trommel wieder und der Samurai schaute sich um. Ein neuer Sumokampf fing an. Die beiden Samurai gingen zurück zum Ring, um zuzuschauen.

Basho sagte zu Philipp und Anne: „Ich glaube, wir gehen jetzt besser. Ich bringe euch zu mir nach Hause, dort seid ihr sicher."

Philipp, Anne und Basho verließen rasch den Platz der Sumoringer und mischten sich unter die vielen Leute, die auf der Straße ihre Einkäufe erledigten. Fliegende Händler trugen lange Stangen, an denen Körbe hingen, und priesen ihre Waren an: „Schuhe und Socken!", „Kuchen und Pasteten!", „Seile und Zwirne!"

Eine Frau trug eine große Kiste auf dem Rücken und rief: „Bücher, Bücher!"

„Nein, danke", sagte Philipp. Er war verrückt nach Büchern, aber er ging weiter, weil er fürchtete, die Samurai könnten jeden Augenblick wieder auftauchen.

Ein Junge mit Vogelkäfigen rief: „Vögel! Vögel!"

Auf einmal spürte Philipp eine Hand auf seiner Schulter. Ihm blieb fast das Herz stehen, aber es war glücklicherweise nur Basho. „Ich wohne dort drüben!", sagte Basho und deutete auf eine Brücke.

Philipp, Anne und Basho überquerten eine kleine, schmale Brücke, die sich über einen Kanal streckte. Basho führte sie erst an einem Tempel vorbei, dann an kleinen Bambushütten, vor denen Hühner scharrten. Ein paar Kinder ließen auf dem staubigen Boden Kreisel tanzen. Eines rief: „Hallo, Meister Basho!"

Dann folgten die Geschwister Basho auf einem Pfad, der am Fluss entlangführte. Am Ufer wuchsen hohe Nadelbäume. Ein trockener Wind blies herabgefallene Blätter und Tannennadeln ins seichte Uferwasser. Philipp wurde leichter ums Herz. Jetzt fühlte er sich sicherer.

Der Pfad wurde schmaler und die Sonne versank schon hinter den Baumwipfeln. Philipp wollte endlich in Bashos Palast ankommen und hielt Ausschau nach einem steilen Dach und hohen Steinmauern – so hatten die anderen Samurai-Häuser ausgesehen.

Durch die immer länger werdenden Schatten führte Basho sie auf eine Lichtung, die nicht weit vom Flussufer entfernt war.

In der Mitte der Lichtung lag ein zugewachsener Teich. Auf der anderen Seite des Teiches führten mit Moos bewachsene Steine zu einer kleinen Bambushütte, die mit Holzziegeln gedeckt war. Neben der Hütte wuchs ein niedriger Baum mit herabhängenden grünen Blättern.

„Willkommen in meinem Palast!", sagte Basho.

DER KLEINE
PALAST

„Das hier ist Ihr Palast?", fragte Philipp.

„In meinem Herzen ist meine kleine bescheidene Hütte viel großartiger, als all die Paläste der Samurai es je sein können!", erklärte Basho. „Und mein Bananenbaum ist für mich tausendmal schöner als der gesamte kaiserliche Garten!"

Philipp und Anne starrten die Pflanze mit den länglichen, herabhängenden Blättern an.

„Ich liebe diesen Baum so sehr, dass ich mich sogar nach ihm benannt habe", sagte Basho. „Basho bedeutet Bananenbaum."

„Cool", sagte Anne und schaute sich um. „Es gefällt mir gut hier!"

„Na ja", dachte Philipp. „Mir nicht!" Die Hütte wirkte schäbig und der kleine Bananenbaum sah dürr und traurig aus. Und Bananen hingen auch keine an ihm.

„Tretet doch bitte ein", sagte Basho. Er zog seine Sandalen aus, hob ein Bündel Holz auf und bückte sich dann unter der niedrigen Tür, die in die Hütte führte.

Auch Philipp und Anne zogen ihre Schuhe aus und betraten einen kleinen, dunklen Raum.

Basho stieß die Fensterläden auf und ließ die frische Abendluft hinein. „Setzt euch!", bat er.

„Danke sehr", sagten Philipp und Anne.

Philipp suchte Stühle, aber es gab keine. Die einzigen Möbel waren ein niedriger Holztisch und eine Bambustruhe. Auf dem Lehmboden lagen drei Strohmatten.

Philipp und Anne setzten sich auf eine der Matten.

Basho zündete eine kleine Öllampe an und machte Feuer. „Ich werde Tee für uns kochen", erklärte er. „Ruht euch nur aus, während ich Wasser vom Fluss hole." Er nahm einen der beiden Holzeimer, die neben der Tür standen, und ging los.

Nachdem Basho gegangen war, schauten Anne und Philipp sich an. „Das hier ist dann wohl ein Drei-Matten-Haus", meinte Anne.

Philipp nickte. „Dabei würde man annehmen, dass ein berühmter Lehrer der Samurai mindestens ein Hundert-Matten-Haus hat ... oder zumindest ein Fünfzig-Matten-Haus!"

„Aber mir gefällt dieses Haus hier", sagte Anne. „Es ist gemütlich."

„Wer Basho wohl ist?", fragte Philipp.

„Wenn er berühmt ist, steht vielleicht sogar etwas über ihn in unserem Buch. Schlag doch einfach mal nach", schlug Anne vor.

„Gute Idee", sagte Philipp. Er zog das Nach-
schlagebuch aus seiner Tasche. Im Licht des
prasselnden Feuers suchte er im Stichwortverzeichnis nach dem Namen Basho. „Da steht
er!", rief Philipp und schlug die entsprechende
Seite auf. Dann las er vor:

Basho war einer der berühmtesten Dichter
Japans. Er schrieb wunderschöne kurze
Gedichte, die die Menschen heute noch
ebenso berühren wie in der Edo-Zeit.

„Dann ist Basho also ein berühmter Dichter!",
sagte Anne. „Das erklärt einiges."

„Na ja", meinte Philipp. „Es erklärt zwar,
wieso wir den Samurai ein Gedicht aufsagen
sollten, aber wir wissen immer noch nicht,
wieso Basho in so einem schäbigen kleinen
Haus wohnt."

In dem
Moment
kam Basho
mit seinem
Eimer zurück.
Rasch schlug

Philipp das Buch zu und steckte es wieder ein.

Basho goss das Flusswasser in einen Eisen-topf über dem Feuer. Aus der Bambustruhe holte er drei kleine Schälchen und ein Stoff-beutelchen. Aus dem Beutel nahm er losen grünen Tee und gab ihn in die drei Schalen. Dann wartete er geduldig darauf, dass das Wasser kochte.

Auch Philipp und Anne warteten geduldig. Sie hörten das sanfte Rauschen des Flusses von draußen, und Philipp fühlte sich zum ersten Mal, seitdem sie hier waren, ruhig und geborgen.

Als das Wasser heiß war, goss Basho ein
wenig auf den Tee und reichte Philipp und
Anne je ein Schälchen.

„Danke sehr",
sagte Anne.

„Danke sehr",
sagte auch Philipp.

„Gern geschehen",
erwiderte Basho.

Philipp nahm
vorsichtig einen

Schluck aus der dampfenden Teeschale. Der
grüne Tee schmeckte bitter, doch das störte ihn
nicht.

„Hmmm, ein interessanter Geschmack!",
sagte Anne. „Basho, Philipp wundert sich
darüber, dass Sie in so einem schäbigen Haus
wohnen, wo Sie doch solch ein berühmter
Dichter sind."

„Anne!", rief Philipp verlegen. „Sie meint das nicht ernst! Ich wundere mich überhaupt nicht darüber!"

Basho lachte. „Vor langer Zeit machte ich eine Ausbildung zum Samurai", erzählte er. „Aber ich war nicht glücklich dabei. Alles, was ich eigentlich tun wollte, war dichten. Ein Dichter muss aber nicht in einem Palast leben. Ein Dichter muss den Wind und die Wolken um sich haben, die Blumen und die Vögel. Hier habe ich meinen kleinen Garten und meinen Bananenbaum. Ich höre den ganzen Tag den Fluss. Hier habe ich alles, was ich brauche, um meine Gedichte zu schreiben."

„Worüber schreiben Sie denn?", fragte Anne.

„Über die kleinen Dinge", erwiderte Basho. „Über eine Krähe, die im Schlamm nach Schnecken sucht, über einen Specht, der an einem Baum hämmert, über Tannennadeln, die der Wind verweht ... Ein Dichter findet in all den kleinen Dingen der Natur das Schöne."

„Und Sie unterrichten die Samurai im Dichten?", wollte Philipp wissen.

„Ja, die Samurai schätzen die Dichtkunst sehr hoch", erklärte Basho. „Dichten hilft ihnen dabei, sich zu konzentrieren. Die Samurai sind der Ansicht, dass ein mutiger Krieger selbst dann noch in der Lage sein muss, ein Gedicht zu verfassen, wenn um ihn herum die Erde bebt oder eine Schlacht tobt."

„Würden Sie uns wohl eines Ihrer Gedichte vortragen?", bat Anne.

„Lass mich überlegen", sagte Basho. „Gestern habe ich an einem Gedicht gearbeitet ... wartet."

Er holte unter dem Tisch eine hölzerne Schachtel hervor und nahm ein kleines, dünnes Stück Papier heraus. Dann las er vor:

„Am uralten Teich
springt ein Frosch vom Uferrand –
ein Ton im Wasser."

Basho sah Philipp und Anne an.

„Hm", sagte Philipp. „Ein guter Anfang."

„Das ist nicht nur ein Anfang", widersprach Basho. „Das ist schon das gesamte Gedicht: Es ist ein kleiner Moment, den ich in Worten gefangen habe."

„Ich finde es toll!", sagte Anne. „Ich mag Frösche, und durch Ihr Gedicht mag ich sie noch mehr!"

„Würden Sie es mir noch einmal vorlesen?", bat Philipp. Er hatte das Gefühl, als ob ihm etwas entgangen sei.

Basho las noch einmal:

„Am uralten Teich
springt ein Frosch vom Uferrand –
ein Ton im Wasser."

Philipp nickte nachdenklich. „Gut!", sagte er dann, „es ist wirklich sehr gut!" Das meinte er ernst. Es kam ihm vor, als ob er dabei gewesen wäre. Genau dort, am uralten Teich. Als ob er gehört hätte, wie der Frosch ins Wasser gesprungen war und damit die Stille unterbrochen hatte.

„Wenn es euch gefällt, schenke ich es euch." Basho reichte Philipp das Stück Papier.

„Danke!", sagte Philipp. Er steckte das Gedicht in seine Tasche. Von weit her ertönte eine Glocke.

„Ah, die Tempelglocken", rief Basho und stand auf. „Es ist Zeit, sich auszuruhen. Ich werde draußen auf einer Matte schlafen. Ich schlafe gerne unter den Sternen. Und von nun an werden die Sterne für mich immer auch Diamanten am Himmel sein, weil du heute dieses Gedicht vorgetragen hast, Anne!"

Anne lächelte.

„Ihr könnt hier drinnen bleiben und unter diesen Moskitonetzen schlafen." Basho zog zwei Netze aus der Bambuskiste und gab sie Philipp und Anne. „Aber keine Angst, in meiner kleinen Hütte gibt es auch nur kleine Stechmücken – keine so großen wie im kaiserlichen Palast!"

Philipp und Anne lachten über Bashos Scherz. Er gab jedem von ihnen ein Netz, dann nahm er sich eine der Matten und zog sie nach draußen. Die Tür machte er hinter sich zu.

Das Feuer im Kamin war niedergebrannt, und auch das Licht der Öllampe war fast ausgegangen. Philipp und Anne lagen auf den Strohmatten, über ihnen wölbte sich das Moskitonetz. Hinter dem Ofen zirpte eine Grille. Durch das offene Fenster fiel das Mondlicht auf den Fußboden.

Philipp schob seine Hand unter dem Netz hervor und legte sie auf den Mondlicht-Fleck. Die Blätter des Bananenbaumes raschelten leise im Nachtwind. Im Halbschlaf stellte er sich vor, wie sich die Pflanze mit ihren langen, breiten Blättern hin und her wiegte.

„Diese schäbige Hütte ist wirklich viel schöner als ein Palast!", murmelte Anne. „Es ist, als ob wir winzige Grillen wären, die jetzt schlafen gehen ..."

„Ja, und ich fühle mich, als ob ich Mondlicht in meiner Hand hielte", flüsterte Philipp. „Und als ob ich ein Bananenblatt wäre, das sich im Wind wiegt ..."

„Klingt wie ein Gedicht", meinte Anne.

„Stimmt ... Ich sollte es aufschreiben ...", murmelte Philipp. Doch stattdessen schlief er ein.

GLOCKEN IN
DER NACHT

Philipp schlug die Augen auf.

Glocken läuteten mitten in der Nacht –
aber es war nicht das sanfte Läuten der Tempelglocken, sondern ein schroffes, warnendes
Bimmeln.

Es roch nach Rauch. Philipp und Anne schlugen
die Moskitonetze zurück und stolperten zur Tür.

Basho stand auf dem Hof und schaute in die
Morgendämmerung. Der Himmel war schwarz
vor Qualm. Die Glocken bimmelten immer noch.

„Brennt es irgendwo?", fragte Philipp.

„Ja", antwortete Basho. „Es muss ein sehr
großes Feuer sein, denn die Glocken vom
Wachturm hören gar nicht mehr auf zu läuten.

Davor haben wir uns immer am meisten gefürchtet. Ich muss los und dabei helfen, das Feuer zu bekämpfen!"

„Wir werden auch mithelfen!", sagte Philipp sofort.

„Nein, ihr bleibt hier!", bestimmte Basho. Er zog sich Socken und seine Sandalen an. „Wenn das Feuer bis hierher kommt, watet ihr einfach in den Fluss, dort seid ihr sicher."

„Aber wir möchten gerne helfen!", widersprach Anne.

„Genau! Warten Sie auf uns!", rief Philipp.

„Also gut!" Basho gab nach. „Aber wenn das Feuer sich ausbreitet, müsst ihr mir versprechen, hierher zum Fluss zurückzukehren!"

„Das versprechen wir!", sagte Anne.

„Dann nehmt einen Eimer mit und kommt!", drängte Basho.

„Ich hole ihn!", rief Philipp. Er lief in die Hütte

und holte den Holzeimer, der neben dem Herd stand. Schon ohne Wasser darin war er schwer. Philipp presste den Eimer an die Brust und rannte zurück nach draußen.

Basho ging voraus. Erst durch den Nadelwald, dann vorbei an einem Bauernhaus, vor dem zwei kleine Kinder standen und in den feuerhellen Himmel blickten.

„Unser Vater sagt, dass der große Holzlagerplatz unten am Fluss brennt!", rief der Junge Basho zu.

„Er ist losgegangen, um beim Löschen zu helfen!", ergänzte das Mädchen. „Er sagt, riesige Holzstapel haben Feuer gefangen!"

Die Glocken läuteten ohne Unterlass, während Basho, Anne und Philipp am Tempel vorübereilten und die schmale Fußgänger-brücke überquerten. Sie liefen rasch den verschlungenen Pfad weiter bis zum Einkaufs-markt. Im verqualmten Morgenrot schoben Leute Karren vor sich her, die hoch mit Waren beladen waren. Alle flohen vor dem Feuer.

Aber Basho, Anne und Philipp liefen auf das Feuer zu. Als sie zum Teehaus und den Bühnen kamen, wurde die Luft immer heißer und verrauchter. Glühende Funken flogen durch die Luft. Teilweise hatten hölzerne Dachziegel Feuer gefangen und fielen zu Boden.

Basho führte Anne und Philipp weiter durch den Qualm, bis sie auf dem Holzlagerplatz standen. In Hunderten von Holzstapeln knisterten die Flammen hoch in den Himmel. Die Löschmannschaften reichten Wassereimer

in einer langen Menschenkette weiter bis zum Fluss. Andere schwangen riesige Fächer, um zu verhindern, dass der Wind die Flammen weitertrug. Aber die anstrengendste Arbeit hatten die Männer, die mit Haken und Äxten versuchten, die brennenden Stämme auseinanderzuziehen.

„Ihr helft bei der Eimerkette", wies Basho Anne und Philipp an. „Holt das Wasser aus dem Fluss!"

Basho rannte zurück und half einem Mann, der mit einer feuchten Decke auf das Feuer einschlug, um es zu ersticken. Philipp und Anne rannten hinunter zum Fluss. Philipp füllte ihren hölzernen Eimer mit Wasser. Voll war der Eimer jedoch so schwer, dass er ihn nicht mehr heben konnte.

„Versuchen wir es gemeinsam", schlug Anne vor.

„Einverstanden!", sagte Philipp.

Unter Einsatz all ihrer Kraft trugen Philipp
und Anne ihren Eimer die Uferböschung hinauf.
Während sie vorwärtsstolperten, gaben sie sich
alle Mühe, nichts zu verschütten. Philipp fiel es
schwer zu atmen, weil die Luft so rauchig war.
Seine Kehle und seine Augen brannten. Sein
Gesicht war glühend heiß. Als er schließlich
schon glaubte, er könne keinen Schritt mehr
machen, erreichten sie die Eimerkette. Sie
gaben ihren Eimer dem Mann am Ende der
Reihe, und der hielt ihnen einen leeren Eimer
hin. „Holt mehr!", sagte er.

Mit ihrem leeren Eimer liefen Philipp und Anne zurück zum Fluss. Sie füllten ihn und kämpften sich abermals die Uferböschung hinauf.

Wieder und wieder schleppten Anne und Philipp volle Wassereimer vom Fluss zur Löschtruppe. Jeder gab sein Bestes im Kampf gegen das große Feuer. Trotzdem schossen die Flammen weiterhin hoch in den Himmel. Schließlich sprang das Feuer über den Fluss und auch auf der anderen Fluss-seite fing es an zu brennen.

„Oh nein!", rief eine Frau. „Jetzt wird bald ganz Edo brennen!"

„Wenn die Lagerhäuser mit dem Reis Feuer fangen, wird die gesamte Ernte zerstört!", klagte ein Mann.

Einige Menschen fingen an zu weinen. Philipp hätte am liebsten auch losgeheult. Direkt vor seinen Augen würde schon bald das wunder-schöne schwebende Edo in Flammen aufgehen!

„Es ist hoffnungslos!", sagte er zu Anne.

„Gar nicht!", widersprach Anne. „Der Zauber-stab! Wir können doch den Zauberstab benutzen!"

„Aber natürlich!", rief Philipp erleichtert. „Aber der ist in meiner Tasche – und die ist in Bashos Haus!"

„Wir müssen ihn sofort holen!", sagte Anne entschlossen. Sie rief Basho zu: „Basho, wir gehen zurück zu Ihrem Haus!"

„Gut!", rief Basho. „Bringt euch in Sicherheit! Springt in den Fluss!"

„In Ordnung!", schrie Philipp.

„Seien Sie vorsichtig!", bat Anne Basho. Dann rannten die Geschwister, so schnell sie konnten. Sie liefen über den Markt und über die Brücke. Sie rannten am Tempel und am Bauernhaus vorbei. Sie sprinteten durch den Nadelwald zu Bashos Haus.

Sie stürmten in die kleine Hütte, und Philipp schnappte sich die Leinentasche, holte den Zauberstab heraus, wedelte damit durch die Luft und rief: „Tu irgendetwas, um das Feuer zu löschen!" Dann hielt er die Luft an und wartete.

„Lass mich mal", sagte Anne. Sie nahm den Zauberstab, wedelte damit und sprach: „Lösch sofort das Feuer in Edo!"

Die Geschwister warteten wieder.

„Es funktioniert nicht!", jammerte Philipp. „Wir machen bestimmt irgendetwas falsch!"

„Aber wir wünschen uns doch etwas Gutes für andere!", wandte Anne ein.

„Ja, das stimmt!", sagte Philipp.

„Und wir haben doch vorher wirklich alles versucht!", zählte Anne weiter auf. „Alle haben ihr Bestes gegeben!"

„Fünf Worte!", rief Philipp. „Wir dürfen nur fünf Worte dabei sagen!"

„Ja, genau!", rief Anne. Sie wedelte noch einmal mit dem Zauberstab durch die Luft: „Lösche jetzt das Feuer!", rief sie.

„Noch ein Wort!", sagte Philipp.

„Bitte!", fügte Anne hinzu.

Auf einmal wurden die Geschwister von einem strahlenden Licht geblendet. Philipp hatte das Gefühl, als würde er durch Licht, Dunkelheit und wieder ins Licht gewirbelt. Es wehte ein eisiger Wind. Die Luft war kristallklar und das erste Morgenlicht schien auf die Felsen. Philipp und Anne standen auf einem Felsvorsprung im Gebirge.

DER WOLKEN-
DRACHE

„Geht ... geht es dir gut?", fragte Anne ihren Bruder. Sie hielt immer noch den Zauberstab in der Hand. Ihre Haare flatterten im frischen Wind.

„Ja, schon ... aber was ist eigentlich passiert?" Philipp sah sich benommen um. Ihm war kalt und er war außer Atem. „Wo sind wir hier?"

„Keine Ahnung!", flüsterte Anne.

Philipp hielt sich die Hand über die Augen gegen das helle rote Morgenlicht und schaute sich um. Rosa Wolken segelten wie Zuckerwatte über den Himmel. Durch die Wolkenlücken sah er Hügel, die in schwarzen Rauch gehüllt waren – unter dem Qualm brannte die Stadt Edo.

„Ich glaube, wir sind auf dem Berg Fudschijama", sagte Anne.

„Fudschijama?", wiederholte Philipp. „Das ist doch verrückt! Wieso sind wir hier auf dem Berg? Edo brennt. Dort sollten wir eigentlich sein!" Er schwieg, um Atem zu holen. Ihm war ein bisschen schwindelig.

„Vielleicht hat der Zauberstab nicht verstanden, was wir von ihm wollten", meinte Anne. „Vielleicht wollte er uns retten und hat uns deshalb hier vor dem Feuer in Sicherheit gebracht?"

Plötzlich zogen sich die Wolken zusammen und türmten sich zu einer dicken Mauer rings um die Bergspitze auf. Die Wolken wirbelten und waberten in einem Farbenmeer von Rosa, Gold, Grau und Weiß.

„Was ist denn nun los?", fragte Philipp und schaute sich um.

Da erhob sich auf einmal der riesige Kopf eines Monsters aus den quellenden Wolken.

„Aahhh!", schrien Anne und Philipp. Sie hielten sich aneinander fest und duckten sich hinter einen Felsvorsprung.

Das Ungeheuer hatte dicke, dornige Augenbrauen und lange, gelockte Schnurrhaare. Es hatte Hörner wie ein Rehbock, die gespaltene Zunge einer Schlange und den feurigen Atem eines Drachen. Durch die wirbelnden Wolken konnten Anne und Philipp den schlangenartigen Körper des Drachen sehen, der sich den Berg hinabringelte. Der Drache war von schimmernden Schuppen bedeckt, und er hatte mehrere Rückenflossen, die aussahen wie die Flossen eines Hais.

Der Drache hob seine Füße – sie waren wie Adlerklauen, nur viel größer! Damit hielt er sich am Berghang fest.

Philipp machte sich so klein er nur konnte und bedeckte seinen Kopf. Aber Anne sprang auf. „Jetzt weiß ich es!", rief sie. „Ich weiß, was passiert ist! Danke, dass du gekommen bist!"

„Anne, geh in Deckung!", schrie Philipp.

„Philipp, das ist der Wolkendrache!", erklärte Anne. „Das Puppentheater, erinnerst du dich nicht? Der Zauberstab hat den Drachen hergebracht!"

„Was? Aber wieso?", fragte Philipp.

„Er macht den Regen. Weißt du nicht mehr? Regen!", rief Anne. „Er herrscht über die Regenwolken."

Der Drache senkte seinen gewaltigen Kopf und legte ihn auf den Felsvorsprung.

Seine Schuppen glänzten türkisgrün im Morgenlicht. Er lag ganz still, als ob er auf etwas wartete.

„Komm, wir müssen auf seinen Rücken klettern", sagte Anne.

„Wieso das denn?", rief Philipp entsetzt.

„Na, wir müssen doch mit ihm zurück nach Edo fliegen!", erklärte seine Schwester. „Der Zauberstab hat den Drachen zu uns geführt, und jetzt müssen wir dem Drachen zeigen, was er tun soll!"

„Na gut." Philipp gab nach.

Anne kletterte auf den Rücken des Wolkendrachen und setzte sich zwischen zwei der Haifischflossen. Philipp stieg hinter ihr auf und hielt sich an der Flosse vor ihm fest. Es war fast wie bei einem Sattelhorn.

„Flieg über das Feuer und lass es regnen!", rief Anne.

„Und zwar doll!", ergänzte Philipp.

Der Wolkendrache glitt von dem Felsvorsprung. Philipp zitterte vor Kälte, als das
Ungeheuer durch das Wolkenmeer glitt wie
eine Schlange durchs Gras. Über Edo schauten
sie nach unten. Dicke schwarze Wolken und
rote Flammen stiegen zu ihnen hinauf.

„Jetzt", rief Philipp. „Lass es jetzt regnen!"

Der Wolkendrache legte den Kopf in den
Nacken, und große dunkle Wolken segelten aus

seinem geöffneten Maul. Die Wolken verteilten sich am Himmel, es blitzte und donnerte – und dann ergoss sich Regen über die Stadt.

Der Drache drehte seinen Kopf in alle Richtungen. Immer mehr Wolken und immer mehr Regen kamen aus seinem Maul.

Es regnete auf das flache Land und auf die Reisfelder, auf den kaiserlichen Garten, auf die Samurai-Villen, auf den Fischmarkt und auf die Große Brücke. Der Regen fiel auf die

Gasthäuser, Bühnen, Teehäuser, Tempel und Bauernhäuser. Der Regen fiel auf den Holzlagerplatz, den Nadelwald und die Kanäle.

Nach und nach wusch der Regen den Rauch und die Flammen einfach weg. Doch auch nachdem nirgends mehr Feuer zu sehen war, atmete der Wolkendrache immer noch mehr dunkle Regenwolken aus. Es regnete und regnete. Das Wasser benetzte Gärten und Felder und füllte die ausgetrockneten Flüsse und Tümpel.

„Das Feuer ist gelöscht!", rief Philipp.

„Bring uns bitte zu Bashos Haus!", bat Anne den Drachen.

Der riesige Drache schlängelte sich durch die dunklen Wolken. Dann bäumte er sich auf einmal auf, sodass Anne und Philipp sich nicht länger halten konnten und rückwärts hinunterfielen. Sie schlugen Purzelbäume in der Luft.

Platsch! Platsch!

Philipp sank bis auf den Grund des Flusses. Er schlug mit den Armen und kämpfte sich nach oben zur Wasseroberfläche. Hustend spuckte er Wasser aus und schnappte nach Luft. Weil er seine Brille verloren hatte, tauchte er noch einmal nach unten. Auf dem Grund des Flusses fand er die Brille und schwamm wieder nach oben. „Alles klar?", schrie Anne ihm zu. Sie hielt den Zauberstab über dem Wasser in die Luft.

„Alles klar!", rief Philipp zurück. Philipp und Anne schwammen, bis sie Grund unter den Füßen spürten, dann wateten sie aus dem Wasser und ließen sich ans Ufer sinken. Ihre Socken und ihre Sandalen hatten sie verloren. Die beiden schauten nach oben zum Himmel. Riesige Regentropfen fielen ihnen aufs Gesicht. Von dem Wolkendrachen war nichts mehr zu sehen, doch der kühle Regen fiel weiter.

DIE BLUMEN
VON EDO

„Wir haben es geschafft!", rief Anne. „Wir
haben selbst gezaubert!"

„Ja, wir haben den Wolkendrachen geholt,
um das Feuer zu löschen!", flüsterte Philipp. Er
fühlte sich noch ganz benommen. „Ob wir hier
wirklich in der Nähe von Bashos Haus sind?"

„Ich glaube schon", antwortete Anne. „Wir
haben den Wolkendrachen doch gebeten, uns
dorthin zu bringen. Das hat er bestimmt auch
getan. Komm, wir suchen Basho!"

Philipp und Anne standen auf und gingen
am Ufer entlang. Sie stapften barfuß durch
den Schlamm und unter den tropfenden
Zweigen hindurch.

„Schau, hier ist die Lichtung", sagte Anne.

Die Geschwister liefen zwischen den hohen Bäumen auf die Lichtung zu.

„Oh nein!", rief Anne. „Sieh nur!"

Auf der Lichtung regnete es auf die verkohlte Ruine von Bashos Haus. Das Dach und die Bambuswände der kleinen Hütte waren verbrannt und eingestürzt.

„Wo ist Basho?", fragte Philipp voller Sorge.

„Dort", antwortete Anne.

Der berühmte Dichter saß auf einem Holz-
stamm neben seinem Bananenbaum im Regen.
Seine Kleider waren schwarz. Sein Gesicht war
voller Ruß. Er hielt seine Schreibkiste in der Hand.

„Basho!", rief Anne.

Basho sah auf und lächelte. „Ich habe euch am
Fluss gesucht und nicht gefunden!", sagte er.
„Ich bin sehr froh, dass es euch gut geht!"

„Und wir sind auch froh, dass Sie in Sicherheit
sind!", antwortete Philipp.

„Aber Ihr Palast! Ihr Palast ist niedergebrannt!",
rief Anne.

„Ja, er fing leider Feuer, ehe der Wunderregen
fiel", erwiderte Basho seufzend.

Philipp und Anne setzten sich auf einen
Baumstamm neben ihn. Durch den Qualm und
den Nieselregen starrten sie in die Asche. Die
Bäume und Pflanzen waren tropfnass. Eine
Taube gurrte.

Eine ganze Weile sprach niemand. Dann brach Anne das Schweigen und sagte: „Ich bin froh, dass Sie wenigstens Ihren Bananenbaum noch haben! Es hört sich schön an, wenn der Regen auf seine Blätter fällt."

„Ja, und wie schön der Fluss jetzt klingt", meinte Philipp. „Er ist viel lauter geworden seit dem vielen Regen."

Basho legte den Kopf schräg, als ob er auf das Geräusch des Regens auf den Bananenblättern und das Rauschen des Flusses lauschen würde. Er lächelte. „Ja, ich mag diese Geräusche auch sehr", sagte er und hielt dann seine hölzerne Schachtel hoch. „Außerdem habe ich ja immer noch meine Gedichte."

„Keine Sorge, Basho", tröstete Anne ihn. „Man kann alles wiederaufbauen!"

„Und dann wird Ihr Palast bestimmt noch viel schöner als vorher!", meinte Philipp.

Basho lächelte. „Ich nehme an, deshalb nannten die Alten unsere Feuer auch oft die ‚Blumen von Edo'", sagte er.

„Was meinen Sie damit?", fragte Philipp.

„Wenn irgendetwas vom Feuer zerstört wird, wird das Alte oft durch etwas gutes Neues ersetzt", erklärte Basho. „Genau wie nach dem freudlosen Winter im Frühling wunderschöne Blumen wiederkommen."

„Ich bin mir sicher, Sie werden noch viele weitere wunderschöne Blumen erschaffen!", sagte Anne.

„Danke sehr!", sagte Basho. „Trotzdem tut es mir sehr leid, dass ihr nun hier keine Unterkunft mehr habt!"

„Das macht nichts", beruhigte Anne ihn. „Wir müssen sowieso zurück zu unserem eigenen Haus reisen."

„Wie weit ist das?", fragte Basho.

„Sehr weit!", antwortete Anne. Die Geschwister standen auf. „Wir müssen zurück zum kaiserlichen Garten. Von dort finden wir den Weg."

„Gut", sagte Basho und stand ebenfalls auf. „Dann kommt, ich werde euch zum kaiserlichen Garten begleiten."

„Danke, das ist wirklich sehr nett!", sagte Philipp.

Basho nahm seinen Stock und führte Philipp und Anne am Ufer des Flusses entlang. Durch den leichten Nieselregen sahen sie ein Fährboot flussaufwärts rudern. Basho winkte es heran und der Steuermann lenkte das Boot ans Ufer.

Philipp, Anne und Basho gingen an Bord und saßen zu dritt auf einer Holzbank. Die anderen Passagiere starrten sie an. Die meisten hatten Asche auf ihrer Kleidung und rußverschmierte Gesichter. Philipp stellte erleichtert fest, dass keine Samurai an Bord waren.

„Seid gegrüßt, Meister Basho!", sagte der Steuermann. Die übrigen Passagiere nickten Basho respektvoll zu, so als ob die Anwesenheit des berühmten Dichters ihnen Hoffnung gäbe.

„Der Regen war ein echtes Wunder, nicht wahr, Meister Basho?", sagte eine alte Frau.

„Das war er wirklich!", bestätigte Basho.

„Der Wolkendrache ist gerade noch rechtzeitig gekommen, oder?", fragte Anne.

„Anne!", zischte Philipp.

Basho lächelte ihr zu. „Ich fürchte, heutzutage glaubt niemand mehr an den Wolkendrachen, Anne", sagte er. „Trotzdem ist es nett, so zu tun, als ob, oder?"

„Ja", antwortete Anne.

Während das Fährboot flussaufwärts fuhr, hörte es auf zu regnen. Leichter Nebel schwebte über dem Wasser und die Vögel fingen an zu singen.

Als sie an den Teehäusern vorüberfuhren, sahen sie die Löschmannschaften, die nach dem Feuer aufräumten. Sie kehrten zerbrochene Ziegel zusammen und schrubbten die Wege. Die Kellner brachten ihnen Tee.

Jetzt brach sogar die Sonne durch die Wolken.

Sie fuhren an der Puppenbühne und an dem verkohlten Holzlagerplatz vorüber. Von den verbrannten Holzstößen stiegen immer noch Rauchwölkchen auf.

Das Fährboot glitt unter der Großen Brücke hindurch und am belebten Fischmarkt vorbei. Die Fischer entluden gerade, was sie in der vergangenen Nacht gefangen hatten.

Als sie zu den Palästen der Samurai und in die Nähe des Anlegesteges beim kaiserlichen Garten kamen, hatte die Sonne die Kimonos von Philipp und Anne wieder völlig getrocknet.

Das Boot legte an. Basho half den beiden Geschwistern beim Aussteigen und winkte den anderen Passagieren zum Abschied lächelnd zu.

Die drei gingen auf der Steinbrücke über den Graben und durch das Tor in der hohen Mauer. Dann spazierten sie auf den Pfaden des kaiserlichen Gartens um die riesigen Felsen herum und vorüber an dem Teich mit den Schwänen.

Philipp hielt dabei immer Ausschau nach Pferden und Samurai-Kriegern. Aber der Garten war jetzt ebenso friedlich wie bei ihrer Ankunft. Überall sangen Vögel. Die Weiden wiegten sich sacht im Wind. Der Wasserfall plätscherte in den grünen See und die Sonne schien in das Baumhaus hoch oben im Kirschbaum.

Philipp blieb stehen. „Von hier aus kennen wir den Weg", sagte er zu Basho.

„Seid ihr sicher?", fragte Basho. Es war fast, als ob er das Baumhaus im Kirschbaum nicht sah.

„Ja, ganz sicher!", sagte Anne. „Wenn wir erst einmal unterwegs sind, ist die Reise ganz einfach."

Basho nickte. „Das erinnert mich an einen Satz des berühmten Samurai Musashi. Er sagte:

Auch eine Reise von über tausend Kilometern beginnt mit einem ersten Schritt."

„Das habe ich schon einmal irgendwo gehört", sagte Philipp.

„Ja, manchmal überdauern die Worte eines Menschen ihren Schöpfer", bestätigte Basho. „So viel Glück werde ich wohl leider nicht haben, dass meine Worte mich überleben!"

„Man kann nie wissen", meinte Anne.

Basho lächelte. „Ich hoffe, ihr beide werdet eines Tages nach Edo zurückkehren", sagte er. „Bitte sucht nach mir, wenn ihr wiederkommt! Bis dahin habe ich bestimmt schon wieder einen neuen Palast am Flussufer!"

„Vielen Dank!", sagte Philipp.

„Auf Wiedersehen!", sagte Anne.

Die Geschwister verbeugten sich vor Basho.

Basho verbeugte sich vor ihnen. Dann wandte sich der große Dichter um und ging. Kirschblüten schwebten vom Baum, während er davonging.

Philipp und Anne blickten Basho nach, solange sie ihn sehen konnten. Dann wandten sie sich zum Baumhaus um. Genau in dem Augenblick kam ein Mann aus dem schattigen Garten auf sie zu. Der Mann trug ein blaues Gewand und von seinem Gürtel hingen zwei Schwerter.

„Guten Morgen", sagte der Samurai. „Könnte ich bitte eure Pässe sehen?"

DIE TAUSEND-KILO-METER-REISE

Philipp bekam kein Wort heraus.

„Unsere Pässe ...", wiederholte Anne. „Die ... äh ... die sind im Feuer auf der anderen Seite der Großen Brücke verbrannt."

Der Samurai kniff die Augen zusammen. „Eure Pässe sind verbrannt?", fragte er nach. „Wieso wart ihr überhaupt auf der anderen Seite der Großen Brücke?"

„Wir waren bei Meister Basho", erklärte Philipp.

„Meister Basho?" Der Samurai runzelte die Stirn.

„Ja", antwortete Anne. „Wir sind Schüler von ihm."

„Oh!" Die Miene des Samurai wurde sofort freundlicher. „Ihr studiert also Dichtkunst bei Meister Basho?"

„Genau", sagte Anne. „Möchten Sie gerne ein paar Gedichte hören?"

„Oh Mann!", dachte Philipp verzweifelt. „Nicht schon wieder!"

„Ja, bitte!", sagte der Samurai.

„Gerne!" Anne dachte einen Augenblick nach und sagte dann: „Das ist ein ganz einfaches kleines Gedicht:

Draußen fällt Regen.

Doch unterm Herd die Grille

hat es schön trocken."

Der Samurai nickte zustimmend. „Hm", machte er. „Stimmt, ganz einfach, aber schön!"

„Danke sehr", sagte Anne.

Der Mann wandte sich an Philipp – doch der bekam fast keine Luft und sein Kopf war

absolut leer. Er schaute Anne Hilfe suchend an. Aber Anne lächelte nur und wartete darauf, dass er sein Gedicht vortrüge.

Philipp räusperte sich und versuchte, ganz ruhig zu bleiben. Er schloss die Augen und ließ seine Gedanken wandern. Er dachte über ihre Japanreise nach. Schließlich öffnete er seine Augen und sprach:

„Die Sonne scheint, der Tag ist heiß.

Doch in meinem Herzen

bewahre ich den Mondschein

und den kühlen Wind

von letzter Nacht."

„Wahnsinn!", flüsterte Anne. „Super!"

„Ja, wirklich sehr gut!", lobte der Samurai. Er schaute hinauf in den Himmel. „Der Mondschein und der kühle Wind von letzter Nacht ...", wiederholte er. „Sehr gut! Ihr habt viel von Meister Basho gelernt!"

Der Samurai ging kopfschüttelnd weiter und murmelte etwas vor sich hin. Dann lachte er fröhlich, so als ob er sich richtig über diesen Tag freuen würde.

Philipp konnte es kaum fassen. Sie waren frei! „Schnell, lass uns verschwinden, ehe uns noch jemand entdeckt!", drängte er.

Sie liefen zur Strickleiter und kletterten nach oben. Im Baumhaus nahm Philipp sich sofort das Pennsylvania-Buch und schlug die Seite mit dem Bild des Waldes von Pepper Hill auf. „Und wie ein berühmter Samurai schon sagte:

‚Auch eine Reise von über tausend Kilometern beginnt mit einem ersten Schritt'", zitierte er.

„Oder mit einem ersten Satz!", meinte Anne lächelnd.

„Genau!", sagte Philipp und deutete auf das Bild. „Ich wünschte, wir wären wieder zu Hause!"

Anne schluckte. „Warte mal!", rief sie. „Wir
haben vergessen, unsere Aufgabe zu lösen!"

„Was?", fragte Philipp.

Aber da kam auch schon der Wind auf.

Das Baumhaus fing an, sich zu drehen.

Es drehte sich schneller und immer schneller.

Dann war alles wieder still.

Totenstill.

Die Morgenluft war kalt. Philipp und Anne
waren wieder in Pepper Hill. Sie hatten wieder
ihre eigenen Kleider an und Philipps Leinen-

tasche hatte sich wieder in einen Rucksack zurückverwandelt. Er machte ihn auf und sah hinein, um sich zu vergewissern, dass der Dianthus-Zauberstab auch wirklich noch da war. War er. Ebenso wie das Gedicht von Basho.

„Unglaublich!", sagte Anne. „Wir haben völlig vergessen, für Merlin nach dem Geheimnis des Glücklichseins zu suchen! Wie konnten wir das nur vergessen?"

„Oh Mann!", seufzte Philipp. „Wir waren so damit beschäftigt, den Samurai auszuweichen und dieses Feuer zu löschen, dass wir nicht mehr an unsere Aufgabe gedacht haben!"

„Was wird Morgan dazu sagen?", jammerte Anne. „Wir haben noch niemals zuvor vergessen, unsere Aufgabe zu lösen! Und diese war ausgerechnet eine der wichtigsten, die wir je hatten! Wir hätten dabei helfen sollen, Merlin zu retten!" Anne war den Tränen nahe.

„Warte, warte, jetzt beruhige dich erst einmal!", beschwichtigte Philipp seine Schwester.
„Lass uns mal nachdenken. Vielleicht haben wir
das Geheimnis des Glücklichseins ja gefunden
und wissen es gar nicht?"

„Du meinst, wir sollten überlegen, ob wir
irgendwann ganz besonders glücklich waren?",
fragte Anne.

„Ja, so ähnlich!", sagte Philipp. „Waren wir
das denn?"

„Keine Ahnung, warst du es?", fragte Anne
zurück.

„Ja, ich glaube schon – ein paarmal ...",
antwortete Philipp.

„Wann zum Beispiel?", wollte Anne wissen.

„Zum Beispiel, als wir mit Basho über die Große Brücke gegangen sind, war ich irgendwie froh", meinte Philipp.

„Ja, ich auch", bestätigte Anne. „Und als wir Sushi essen waren, war ich ziemlich froh."

„Schon, aber ich hatte zu viel Angst, weil die Samurai mich beobachtet haben", sagte Philipp.

„Und wie war es beim Sumoringen?", fragte Anne.

„Das war lustig", erwiderte Philipp, „aber ich glaube, so richtig glücklich hat es mich nicht gemacht."

„Und als wir auf dem Drachen geritten sind, um das Feuer zu löschen?", fragte Anne weiter.

„Das war unglaublich!", schwärmte Philipp, „aber ich habe mir zu viele Sorgen darüber gemacht, wie wir die Stadt retten könnten, um mich wirklich glücklich zu fühlen."

„Und als wir uns Gedichte für den Samurai ausgedacht haben?", fragte Anne.

„Da war ich viel zu nervös!", gestand Philipp.

„Also, jetzt sag schon, wann warst du so richtig glücklich?", drängte Anne.

„Ich glaube, das war, als ..."
Philipp sprach nicht weiter.
Es kam ihm seltsam vor, das
zu sagen, was ihm auf der
Zunge lag.

„Jetzt sag schon",
bohrte Anne.

„Ich glaube, das war, als ich auf der Strohmatte in Bashos Haus lag, als ich das Mondlicht auf dem Boden berührt und dem Rascheln
der Bananenblätter im Wind zugehört habe",
gestand Philipp.

„Ah ja, stimmt!", erinnerte sich Anne. „Das
war, ehe wir eingeschlafen sind. Da habe ich

mich selbst fast wie eine kleine Grille gefühlt, die es sich gemütlich macht und einschläft."

„Ja, so ungefähr!", sagte Philipp.

„So wie Basho gesagt hat: Man muss das Schöne in den kleinen Dingen im Leben sehen lernen", sagte Anne. „Genau wie in seinem Gedicht über den Frosch, der ins Wasser hüpft."

„Ich glaube, das ist es!", überlegte Philipp. „Das Geheimnis des Glücklichseins besteht darin, dass man ganz genau auf die kleinen Dinge in der Natur achtet."

„Wahnsinn!", staunte Anne. „Ich finde, das ist ein Geheimnis, das wir gut mit Merlin teilen können, oder?"

„Ja", stimmte Philipp ihr zu. „Und mithilfe von Bashos Gedicht wird Merlin das auch bestimmt noch besser verstehen."

„Genau!", sagte Anne.

„Also los, gehen wir!", sagte Philipp.

Anne kletterte die Strickleiter nach unten. Philipp setzte seinen Rucksack auf und kletterte ihr hinterher.

Während sie durch den Wald zurückgingen, fielen Philipp Dinge auf, die er niemals zuvor bemerkt hatte. Er entdeckte winzige blaue Blümchen, die aus dem winterlich kahlen Waldboden sprossen.

Er sah einen frisch aufgeworfenen Ameisenhügel.

Er bemerkte die Blätterknospen an den Zweigen, das grüne Moos auf den Steinen und die helle Märzsonne.

„Es ist fast so, als ob ich den Frühling zum allerersten Mal sehen würde", sagte er zu Anne.

„Ich auch!", meinte Anne.

„Aber ich meine nicht zum ersten Mal in diesem Jahr, sondern zum ersten Mal überhaupt in meinem Leben!", erklärte Philipp.

„Ich auch!", bestätigte Anne.

Philipp war richtig froh – ja, sogar glücklich, während er mit Anne durch die Morgensonne nach Hause ging.

Der geheime Flug des Leonardo

Ich möchte
Wunder vollbringen!

Aus einem Notizbuch
von Leonardo da Vinci

ALTE
FREUNDE

Philipp goss sich Milch über sein Müsli. Ihm war ganz flau im Magen. Es war Montag und der erste Schultag eines neuen Schuljahres.

Am ersten Tag war Philipp immer nervös. Ob sie wohl neue Lehrer kennenlernen würden? Ob er einen Platz am Fenster bekommen konnte? Ob einer seiner Freunde wieder neben ihm sitzen durfte?

„Beeil dich, Anne!", rief ihre Mutter nach oben. „Es ist Viertel vor acht. In einer halben Stunde fängt der Unterricht an!"

Ihr Vater kam in die Küche. „Soll ich euch wirklich nicht hinfahren?", fragte er.

„Nein danke", antwortete Philipp.

„Wir laufen echt gerne." Die Schule war
nur ein paar Straßen entfernt.

„Anne! Beeil dich!", rief ihre Mutter erneut.
„Ihr kommt noch zu spät!"

Die Terrassentür flog auf und Anne stürmte
in die Küche. Sie war ganz außer Atem.

„Oh, du warst draußen?", fragte ihre Mutter
überrascht. „Ich dachte, du bist oben."

„Ich habe nur einen kurzen Spaziergang
gemacht", antwortete Anne und schaute ihren
Bruder an. Ihre Augen funkelten. „Beeil dich,
Philipp, wir müssen jetzt wirklich los!"

„Schon gut, ich komme", sagte Philipp und sprang auf. Er sah Anne an der Nasenspitze an, dass sie nicht wegen der Schule so in Eile war. Wahrscheinlich war das Baumhaus wieder da! Endlich!

Philipp schnappte sich seinen Rucksack und Anne hielt ihm die Tür auf.

„Kein Frühstück?", fragte ihre Mutter.

„Ich bin jetzt zu nervös, um etwas zu essen", antwortete Philipp.

„Ich auch", behauptete Anne. „Tschüss, Mama, tschüss, Papa!"

„Viel Spaß!", wünschte ihre Mutter.

„Lernt schön", sagte ihr Vater.

„Das werden wir ganz sicher", versprach Anne.

Philipp und Anne machten die Tür hinter sich zu und liefen rasch durch den Vorgarten.

„Es ist wieder da", flüsterte Anne.

„Das habe ich mir schon fast gedacht", antwortete Philipp.

„Bestimmt will Morgan, dass wir noch ein weiteres Geheimnis des Glücks für Merlin finden", meinte Anne.

„Bestimmt!", rief Philipp. „Komm, wir rennen!"

Die Geschwister rannten den Bürgersteig entlang, dann über die Straße und in den Wald von Pepper Hill. Sie sausten unter den Bäumen entlang, durch Licht und Schatten, bis sie unter der höchsten Eiche des Waldes standen.

Hoch oben war tatsächlich das magische Baumhaus zu sehen. Die Strickleiter schaukelte leicht im kühlen Morgenwind.

„Woher hast du gewusst, dass es da ist?", fragte Philipp ein bisschen aus der Puste.

„Ich bin aufgewacht und habe an Teddy und Kathrein gedacht", erklärte Anne. „Und ich hatte so ein seltsames Gefühl."

„Echt?" Philipp sah nach oben zum Baumhaus. „Teddy! Kathrein!", rief er.

Zwei Köpfe erschienen im Fenster des Baumhauses: ein Jungengesicht, umrahmt von
Locken, mit Sommersprossen und einem breiten
Grinsen, und ein lächelndes Mädchen mit meer-
blauen Augen und welligem dunklem Haar.

„Philipp! Anne!", rief das Mädchen.

„Kommt hoch!", rief der Junge.

Anne und Philipp kletterten die Strickleiter
hinauf. Im Baumhaus warfen sie sich ihren
Freunden zur Begrüßung in die Arme.

„Sollen wir noch ein Geheimnis des Glücks
suchen, um Merlin zu helfen?", fragte Anne.

„Genau!", antwortete Teddy. „Und diesmal geht es fünfhundert Jahre zurück in die
Vergangenheit nach Florenz in Italien."

„Florenz? Italien?", wiederholte Philipp.
„Und was ist dort?"

„Eine ganz erstaunliche Person, die euch
helfen wird", erklärte Kathrein.

„Wieso erstaunlich?", wollte Anne wissen.
„Hat diese Person etwa magische Kräfte?"

Teddy grinste. „Manche Leute würden das
durchaus behaupten", meinte er und zog ein
Buch aus seinem Umhang.

Auf dem Umschlag war das Bild eines Mannes zu sehen, der einen violetten Umhang und eine weiche blaue Mütze trug. Seine Nase war ziemlich lang. Er hatte freundliche Augen, buschige Augenbrauen und einen langen Bart. Über dem Bild stand: *Leonardo da Vinci.*

„Leonardo da Vinci!", rief Philipp. „Macht ihr Witze?"

„Ich habe schon von ihm gehört", sagte Anne.

„Wer nicht!", rief Philipp. „Er war ein echtes Genie!"

„Dieses Buch über Leonardo wird euch bei eurer Aufgabe helfen", erklärte Teddy.

„Und dieses Gedicht von Morgan auch." Kathrein holte ein kleines Stück Pergament aus ihrem Umhang und gab es Anne.

Anne las das Gedicht laut vor:

„Also, um dieses Geheimnis des Glücks herauszufinden, müssen wir einen ganzen Tag mit Leonardo da Vinci verbringen und ihm helfen", fasste Philipp zusammen.

„Genau", bestätigte Kathrein und Teddy nickte.

„Wie schön wäre es, wenn ihr mitkommen würdet", sagte Anne.

„Um *uns* zu helfen", ergänzte Philipp.

„Keine Sorge", beruhigte Kathrein ihn. „Ihr habt ja die Hilfe eines großen Genies und den Dianthus-Zauberstab."

„Oh!" Anne sah Philipp an. „Hast du den Zauberstab mitgenommen?"

„Natürlich", antwortete Philipp. „Den habe ich immer dabei – zur Sicherheit." Er zog den schimmernden silbernen Stab aus seinem Rucksack.

„Der Dianthus-Zauberstab", flüsterte Teddy ehrfürchtig.

Der Zauberstab sah aus wie das Horn eines Einhorns. Er brannte in Philipps Hand – ob vor Kälte oder Wärme konnte Philipp nicht sagen. Vorsichtig steckte er den Zauberstab zurück in den Rucksack.

„Ihr erinnert euch doch noch an die drei Regeln für den Zauberstab, oder?", fragte Kathrein.

„Natürlich", antwortete Anne. „Man darf ihn nur benutzen, um Gutes für andere zu tun. Der Zauberstab funktioniert nur, wenn man vorher wirklich alles andere versucht hat. Und er zaubert nur mit einem Zauberspruch, der aus genau fünf Worten besteht."

„Ausgezeichnet!", lobte Kathrein.

„Danke", sagte Anne. „Fertig?", fragte sie ihren Bruder.

Philipp nickte. „Tschüss, Teddy! Tschüss, Kathrein!"

„Auf Wiedersehen", sagte Teddy.

„Und viel Glück!", wünschte Kathrein.

Philipp deutete auf den Buchumschlag. „Ich wünschte, wir wären bei Leonardo da Vinci."

Aus der Ferne hörten sie die Schulglocke. In zehn Minuten begann der Unterricht. Doch im Wald von Pepper Hill kam schon Wind auf.

Das Baumhaus fing an, sich zu drehen.

Es drehte sich schneller und immer schneller.

Dann war alles wieder still.

Totenstill.

138

AUF DER SUCHE
NACH LEONARDO

In der Ferne läutete eine Glocke. Durch das Fenster des Baumhauses schien helles Morgenlicht herein und Teddy und Kathrein waren verschwunden.

Philipp betrachtete seine Kleider: Er hatte eine knielange Tunika an und dazu enge dunkle Hosen. Anne trug ein langes Kleid mit Puffärmeln. Philipps Rucksack hatte sich in eine Stofftasche verwandelt.

Die Geschwister schauten aus dem Fenster. Das magische Baumhaus war in einem hohen Baum gelandet. Der Baum stand in einem Garten, der von Hecken umgeben war. Hinter den Hecken konnte man ein Meer aus rot

gedeckten Dächern erkennen. Eine riesige
Kuppel und ein steinerner Turm erhoben
sich aus dem Dächermeer.

„Willkommen in Florenz", sagte Anne.

Philipp schlug das Leonardo-Buch auf und
las laut vor:

In den ersten Jahren des 16. Jahrhunderts
gab es sehr viele Künstler und Handwerker
in Florenz: Seidenweber, Töpfer und Marmor-
Steinmetze lebten hier. Die Künstler fertigten
Skulpturen, Gemälde und Wandteppiche an.

„Cool!", unterbrach Anne ihn. „Ich finde Kunst
super!"

Philipp las weiter:

Aber der bewundernswerteste Künstler dieser
Zeit machte alles auf einmal: Leonardo da Vinci

war nicht nur ein großartiger Maler, sondern auch Erfinder, Architekt, Reiter, Koch, Geologe, Botaniker – und er entwarf sogar Bühnenbilder und Theaterkostüme.

„Was machen denn ein Geologe und ein Botaniker?", fragte Anne.

„Das sind beides Wissenschaftler", erklärte Philipp. „Ein Geologe erforscht Gesteine und ein Botaniker Pflanzen." Er blätterte weiter.

„Komm, lass uns gehen", drängte Anne. „Bestimmt hat das Baumhaus uns direkt zu Leonardo gebracht. Wir müssen ihn finden, ehe er womöglich weggeht."

„Na gut", gab Philipp nach.

Anne stieg sofort die Strickleiter hinab. Philipp packte erst das Buch wieder ein und kletterte dann ebenfalls nach unten.

Die Geschwister verließen den Garten

und kamen auf eine belebte Straße, die an einem Fluss entlangführte. Anne und Philipp musterten alle Menschen, die an ihnen vorübergingen: Frauen in langen Seiden- kleidern, berittene Soldaten mit blauen Um- hängen und Priester, die in ihren schwarzen Kutten auf Eseln ritten.

„Ich sehe hier niemanden, der aussieht wie der Mann auf dem Umschlag unseres Buchs", stellte Philipp fest.

„Lass uns jemanden fragen", schlug Anne vor und schlenderte zu einem Mädchen hinüber,

das am Straßenrand Blumen verkaufte.

„Entschuldige, kennst du einen Mann namens Leonardo da Vinci?"

„Natürlich! Jeder kennt doch Leonardo", antwortete das Mädchen. „Gerade eben war er hier und hat mir Blumen abgekauft. Er sagte, er will sie später zeichnen." Ihre Augen leuchteten vor Begeisterung.

„Wo ist er hingegangen?", fragte Philipp.

„In Richtung Alte Brücke", gab das Mädchen Auskunft. Sie deutete auf eine mit kleinen Häusern bebaute Brücke am Ende der Straße.

„Danke", sagte Anne.

Philipp und Anne gingen zügig am Flussufer entlang auf die Brücke zu. „Du hattest recht", sagte Philipp. „Das Baumhaus hat uns direkt zu Leonardo gebracht. Aber während wir uns noch unterhalten haben, ist er schon weitergegangen."

„Keine Sorge", beruhigte Anne ihren Bruder. „Wir holen ihn bestimmt wieder ein."

Die bebaute und überdachte Brücke bestand aus drei großen steinernen Brücken-bogen. Sie sah aus wie ein lang gestrecktes Haus, das sich über den Fluss spannte.

Während die Geschwister die Brücke überquerten, fiel es ihnen schwer, nach Leonardo Ausschau zu halten. Das Licht war dämmrig und überall drängten sich Menschen.

Philipp und Anne zwängten sich durch die Menge, bis sie die andere Seite der Brücke erreichten. Hier war das Sonnenlicht auf einmal so grell, dass Philipp die Augen mit den Händen beschatten musste. „Ich sehe ihn immer noch nicht", sagte er.

„Wir können ja noch einmal fragen", meinte Anne. „Das Mädchen hat doch gesagt, dass jeder Leonardo kennt."

Sie lief zu einem Geschäft am Ufer. Dort hängten Weber gerade farbenfrohe Tücher

auf die Leine, und die roten und violetten Seidenstoffe flatterten im Wind.

„Entschuldigen Sie!", rief Anne, „haben Sie zufällig Leonardo da Vinci gesehen?"

Eine zahnlose Frau lächelte sie an. „Oh ja! Leonardo ist erst vor einem Augenblick hier vorübergegangen", antwortete sie. „Ich glaube, er ist auf dem Weg zum Bäcker." Sie deutete auf eine schmale Straße. „Dort geht er jeden Morgen hin."

„Danke sehr!", rief Anne.

Die Geschwister rannten zur Bäckerei, wo es wunderbar nach frischem Brot roch.

„Entschuldigen Sie bitte", sagte Philipp. „War Leonardo da Vinci eben hier?"

„Ja, er hat einen Laib Brot gekauft wie jeden Tag", antwortete der Bäcker. „Anschließend geht er immer in den Käseladen." Er zeigte auf die andere Straßenseite.

„Danke!", rief Philipp.

Anne und er überquerten die belebte Straße und betraten den Käseladen. „Ist Leonardo da Vinci hier?", fragte Anne.

„Er ist gerade weggegangen", erwiderte der Käsehändler. „Er wollte zum Schmied."

„Oh Mann!", seufzte Philipp.

„Danke sehr!", rief Anne, dann liefen sie weiter.

„Ich kann es kaum erwarten, ihn zu treffen", gestand Anne.

„Ich auch nicht", sagte Philipp. „Falls wir ihn je einholen!"

Aus einem der Läden drang lautes Hämmern auf die Straße. Philipp und Anne warfen einen Blick hinein und sahen einen Schmied, der mit einem riesigen Hammer auf ein Hufeisen schlug. In der Esse brannte ein Feuer.

„Entschuldigen Sie bitte!", schrie Philipp.

Der kräftige Mann hörte auf zu hämmern.

„War Leonardo da Vinci eben bei Ihnen?", fragte Philipp.

„Ja, er hat endlich seine Eisenkübel bezahlt", antwortete der Schmied verdrießlich.

„Wissen Sie, wo er anschließend hinwollte?", fragte Philipp.

„Zum Markt. Er war in Eile, wie immer", grummelte der Schmied und deutete mit dem Kopf in Richtung Straße. Dann hämmerte er weiter.

Philipp und Anne rannten wieder los.

Sie bogen um eine Ecke und kamen an den Rand eines großen Platzes. Die Sonne schien auf Hunderte von Zelten und Buden. Es roch nach Fisch, Zimt und anderen Gewürzen.

„Oh Mann!", staunte Philipp. „Dieser Markt ist ja riesig!"

Auf dem Markt drängten sich Leute, die ihre Einkäufe erledigten. Es war schwierig, über all die Köpfe hinwegzublicken. „Hier können wir den ganzen Tag nach Leonardo suchen." Philipp seufzte.

„Das bringt ja nichts", wandte Anne ein, „schließlich sollen wir ihm helfen und nicht nach ihm suchen. In dem Gedicht hieß es ... *dem Meister hilf den ganzen Tag. Von morgens, bis die Sonne sinkt und der Vogel sein Abendlied anstimmt.*"

„Was auch immer wir dann tun sollen", sagte Philipp.

„Hey, vielleicht sollten wir jetzt unseren Zauberstab benutzen", schlug Anne vor. „Die Situation passt genau zu den Regeln: Wenn wir Leonardo finden, ist das nicht zu unserem Vorteil, sondern zu Merlins. Und ich glaube, wir haben jetzt wirklich schon alles versucht."

„Na gut, probieren wir es", meinte Philipp. Er holte den Dianthus-Zauberstab aus seiner Tasche und reichte ihn Anne. „Fünf Worte", erinnerte er sie.

„Weiß ich doch", erwiderte Anne und hielt den Zauberstab hoch. Dann zählte sie die Worte an den Fingern ab: „Hilf – uns – Leonardo – zu – finden!"

Mit angehaltenem Atem warteten die Geschwister. Aber nichts geschah. Alles um sie herum sah genauso aus wie zuvor.

„Es klappt nicht", stellte Philipp fest. „Was haben wir nur falsch gemacht?"

„Weiß ich auch nicht", sagte Anne. „Ich habe fünf Worte benutzt, der Wunsch ist zweifellos zum Wohle anderer ... vielleicht haben wir doch noch nicht alles andere probiert?"

Philipp seufzte. „Na gut, dann versuchen wir es weiter." Er steckte den Zauberstab wieder in seine Tasche.

„Oh, sieh nur dort drüben, die Vögel!", rief Anne und zog Philipp zu einem Stand mit Singvögeln in kleinen Käfigen. Nur ein einziger Vogel sang: Er hatte braunes Gefieder und einen rötlichen Schwanz. Er sah ziemlich unscheinbar aus, aber er pfiff und trällerte ganz wundervoll.

„Na du", sagte Anne zu ihm.

Der Vogel legte den Kopf schief und schaute Anne direkt an. Er zwitscherte leise.

„Komm weiter, Anne. Wir haben keine Zeit, hier herumzutrödeln", drängte Philipp. „Wir müssen Leonardo finden."

„Aber hast du denn nicht seinem Lied zugehört?", fragte Anne. „Er möchte davonfliegen. Er will frei sein!"

Philipp schaute sich nach dem Vogelverkäufer um. Er stand in der Nähe und unterhielt sich mit einem Kunden. „Das geht nicht, Anne. Wir haben kein Geld, um ihn zu bezahlen", sagte Philipp.

„Aber er will, dass ich ihm helfe", beharrte Anne. „Das weiß ich einfach!" Sie griff nach der Käfigtür.

„Nicht, Anne!", rief Philipp.

Aber Anne öffnete die Käfigtür und der Vogel hüpfte heraus.

„Oh nein!", rief Philipp. Er wollte sich auf den Vogel stürzen, aber er war nicht schnell genug. Der Vogel flog schon hoch oben am blauen Himmel.

„Juhu!", jubelte Anne.

„He!", rief der Vogelhändler und kam auf sie zu. „Versucht ihr etwa, meinen Vogel zu stehlen?"

„Wir wollen ihn nur befreien", stellte Anne klar.

Der Vogelhändler packte Philipp am Arm. „Den werdet ihr mir bezahlen!", schrie er.

„Aber ... wir ...", stammelte Philipp.

„Lass den Jungen los, Marco!", rief ein Mann.

Philipp drehte sich um und sah einen hochgewachsenen Mann in einem violetten Umhang und mit einem weichen Hut auf dem Kopf. Er sah ganz genauso aus wie der Mann auf dem Umschlag ihres Buchs.

„Leonardo", flüsterte Anne. „Dann hat der Zauberspruch doch funktioniert!"

ZEHN VERSCHIEDENE
NASENFORMEN

„Marco, lass den Jungen los", wiederholte Leonardo.

„Ich habe ihn aber gerade erwischt, als er versucht hat, mir einen Vogel zu stehlen", schimpfte der Vogelhändler.

„Stimmt nicht, Marco. Das Mädchen sagt, sie haben ihn befreit", widersprach Leonardo. „Und ich glaube ihr."

„Dann sollen sie mir den Vogel bezahlen", verlangte der Mann.

„Wir haben kein Geld", flüsterte Anne.

„Ich werde das erledigen", sagte Leonardo und stellte seinen Korb ab. Darin lagen Blumen, Käse und ein Laib Brot. Er zog eine goldene

Münze aus der Tasche. Der Vogelhändler ließ Philipp los und nahm das Geld.

„Weißt du, Marco, als ich klein war und noch in der Wiege lag, kam ein Vogel und berührte mich mit seinen Schwanzfedern", erzählte Leonardo. „Und seitdem habe ich mir immer gewünscht –"

„Ich weiß, Leonardo, ich weiß", unterbrach Marco ihn. „Seitdem hast du dir gewünscht, selbst ein Vogel zu sein. Das hast du mir schon so oft erzählt." Der Vogelhändler drehte sich um und kümmerte sich um einen neuen Kunden.

Leonardo wandte sich an Philipp und Anne. „Ja", bestätigte er, „seitdem wünsche ich mir, selbst ein Vogel zu sein. Deshalb kaufe ich auch oft Vögel bei Marco und lasse sie dann frei. Ihr seht also, meine Freunde, ihr und ich, wir sind verwandte Seelen."

„Ja, das sind wir!" Anne lächelte.

„Danke, dass Sie uns geholfen haben",
sagte Philipp und lächelte Leonardo ebenfalls
an. Er hoffte, dass der große Meister Anne
und ihn mochte, damit sie einen Tag bei ihm
verbringen durften. „Ich heiße Philipp. Das ist
meine Schwester Anne. Eigentlich war es Anne,
die den Vogel ..."

Aber Leonardo hörte gar nicht zu, sondern
sprach einfach weiter: „Eigentlich liebe ich alle
Lebewesen. Jeden Vogel, jedes Tier, das man
bisher entdeckt hat – und auch die, die man
noch nicht entdeckt hat." Er lachte.

„Ich auch", sagte Anne.

„Ich auch", schloss Philipp sich an.

Leonardo hob einige Vogelfedern auf.
„Ah, wie wunderschön." Er seufzte und hielt
sie gegen die Sonne. „Die werde ich nachher
zeichnen." Er steckte die Federn zu dem Brot,

dem Käse und den Blumen in seinen Korb.

„So, jetzt muss ich aber weiter, meine Freunde",
sagte er. „Euch einen schönen Tag!" Leonardo
entfernte sich mit raschen Schritten vom
Vogelstand.

„Oh nein", dachte Philipp.

Doch ehe ihm einfiel, was er sagen könnte,
rief Anne: „Meister da Vinci! Leonardo!"

Leonardo schaute sich nach ihr um. „Ja?"

„Sie ... äh ... brauchen Sie heute vielleicht Hilfe
bei irgendetwas?", fragte Anne. „Philipp und

ich würden Ihnen wirklich gerne helfen ... den ganzen Tag ... wenn das geht?"

Philipp war Annes Frage peinlich. Er war sich ganz sicher, dass Leonardo Nein sagen würde. Doch zu seiner Überraschung musterte der Mann sie eindringlich und rieb sich das Kinn. „Na ja ... ich habe heute tatsächlich eine große Sache zu erledigen", antwortete er und lächelte. Dann nickte er. „Ja, vielleicht könntet ihr meine Lehrlinge werden – aber nur für heute!"

„Super!", rief Anne.

„Was macht ein Lehrling eigentlich?", fragte Philipp.

„Lehrlinge helfen ihrem Meister, wobei der Meister ein Künstler oder ein Handwerker sein kann", erklärte Leonardo. „Die Lehrlinge arbeiten hart und lernen viel, in der Hoffnung, dass sie selbst eines Tages Meister werden."

„Cool!", fand Philipp.

„Dann kommt mit", sagte Leonardo und ging weiter. Philipp und Anne liefen neben ihm her. Sie ließen den belebten Markt hinter sich und bogen in eine mit Kopfstein gepflasterte Straße ein.

„Wohnt ihr beide in Florenz?", fragte Leonardo.

„Nein, wir wohnen in ... äh ... weiter weg", antwortete Philipp.

„Wir haben hier eine Aufgabe zu erfüllen", ergänzte Anne. „Wir sind auf der Suche nach dem Glück."

Leonardo lächelte. „Oh! Das Geheimnis des Glücks habe ich für mich schon vor einer ganzen Weile entdeckt."

„Wirklich?", fragte Philipp.

„Ja", bestätigte Leonardo. „Es ist etwas, das ich unbedingt finden wollte – und jetzt habe ich es. Es ist eigentlich gar nicht so geheimnisvoll."

„Was ist es?", wollte Philipp wissen.

„Das Geheimnis des Glücks ist Ruhm", verriet Leonardo.

„Echt? Ruhm?", fragte Anne nach.

„Genau!", bekräftigte Leonardo. „Wenn ich in die Augen eines mir völlig fremden Menschen schaue und darin Ehrfurcht und Bewunderung erkenne, dann macht mich das richtig glücklich."

Anne sah Philipp an und sagte: „Ruhm! Da haben wir unsere Antwort!"

„Ich bin mir nicht so sicher, ob sie das wirklich schon ist", meinte Philipp leise. „Denk dran, wie es in dem Gedicht hieß: *Du magst die Frage einfach finden, doch die Antwort ist rasch falsch gesagt ...*"

„Ach, stimmt! Und in dem Gedicht steht auch, dass wir den ganzen Tag bei Leonardo bleiben müssen, damit wir die richtige Antwort finden", erinnerte Anne sich.

„Genau", bestätigte Philipp. Diesen Teil ihrer Aufgabe fand er nicht weiter schlimm. Einen ganzen Tag bei einem der größten Genies zu verbringen, die es je gab, fand er grandios.

Philipp und Anne folgten Leonardo zu einem Platz, auf dem eine riesige Kathedrale stand. Zu diesem Gebäude gehörte die Kuppel, die sie vom Baumhaus aus schon gesehen hatten.

„Wie hat irgendjemand so etwas Riesiges bauen können?", dachte Philipp.

Unzählige Menschen wuselten über den Platz. Leonardo blieb plötzlich stehen und starrte in die Menge. „Oh! Oh!", stieß er aus.

„Was ist?", fragte Anne.

„Ich habe einen Engel entdeckt", flüsterte Leonardo.

„Einen Engel?", wiederholte Philipp und schaute sich um. Er konnte keinen Engel sehen.

„Dort drüben!" Leonardo deutete auf ein kleines dunkelhaariges Mädchen.

Philipp fand, dass das Mädchen kein bisschen wie ein Engel aussah. Es sah aus wie ein ganz gewöhnliches Kind.

Leonardo stellte seinen Korb ab, band ein kleines Büchlein von seinem Gürtel, zog einen Kohlestift hervor und begann zu zeichnen. „Ich habe schon eine ganze Weile nach einem Engel für eines meiner Gemälde gesucht", murmelte er, während er das Mädchen zeichnete. „Ich glaube, jetzt habe ich ihn gefunden."

Einen Augenblick später war Leonardo fertig. „Hier!" Er zeigte Anne und Philipp seine Zeichnung. Mit wenigen schnellen Strichen hatte er einen Engel geschaffen. Das Mädchen war gut getroffen, irgendwie sah es auf dem Papier jetzt wirklich aus wie ein richtiger Engel.

„Das ist der hübscheste Engel, den ich je gesehen habe", lobte Anne.

„Hm, ich weiß nicht ..." Leonardo zögerte. „Die Nase stimmt irgendwie noch nicht. Ich fürchte, ich muss weitersuchen." Er riss die Seite aus seinem Skizzenbuch heraus. „Möchtet ihr beide das vielleicht haben?"

„Oh ja, gerne!", rief Anne. „Vielen Dank!"

„Ich kann sie tragen", bot Philipp an. Er nahm die Zeichnung und schob sie vorsichtig zwischen die Seiten des Leonardo-Buches in seiner Tasche.

Leonardo steckte seine Zeichensachen wieder ein, hob den Korb auf und sagte: „Kommt weiter!"

Halb gehend, halb rennend versuchten Philipp und Anne, mit den ausgreifenden Schritten Leonardos mitzuhalten.

„Während ich durch die Straßen gehe, sammle ich immer viele Informationen", erklärte Leonardo. „Ich beobachte alles so genau wie ein Wissenschaftler. Nach jahrelangen Beobachtungen habe ich beispielsweise herausgefunden, dass es zehn unterschiedliche Nasenformen gibt."

„Wirklich?" Anne betastete ihre Nase.

„Wirklich!", bestätigte Leonardo. „Es gibt gerade, runde, spitze, flache, schmale ... Das gilt natürlich nur für die Seitenansicht. Wenn man den Menschen von vorn ins Gesicht schaut, kann man elf Nasenformen unterscheiden."

„Erstaunlich!", bemerkte Philipp.

Philipp betrachtete die Nasen der Leute, die an ihnen vorübergingen. Er sah viele flache Nasen, einige runde und etliche gerade ... aber die meisten waren schwer zu beschreiben.

„Durch meine Beobachtungen bin ich zu dem Schluss gelangt, dass es sehr viel mehr verschiedene Mundformen gibt als unterschiedliche Nasen", erläuterte Leonardo weiter. „Doch befindet sich der Mund fast immer an der gleichen Stelle: nämlich genau in der Mitte zwischen dem Ende der Nase und der Kinnspitze."

„Wirklich?" Mit zwei Fingern maß Anne den Abstand zwischen Nase, Mund und Kinn. „Sie haben recht, Leonardo", sagte sie schließlich.

„Ich beobachte Haltung, Gesichtsausdruck und Gesten der Menschen", erzählte der große Meister. „Ich betrachte ihre Hände, ihre Augen, ihr Haar. Aber um ein wahrhaft großer Künstler zu werden, muss man lernen, seine Beobachtungen mit seiner Fantasie zu verbinden." Er hielt plötzlich inne. „Schaut nach oben, schaut nach oben!"

Philipp und Anne blieben stehen und sahen hoch.

„Seht ihr die Wolken?", fragte Leonardo.

Einige bauschige Wolken segelten über den Himmel.

„Wie sehen sie aus?", fragte Leonardo. „An was erinnern sie euch?"

„An große weiße Kleckse", dachte Philipp.

„Die größte sieht irgendwie aus wie ein Schloss", fand Anne.

„Gut, gut!", lobte Leonardo.

„Und die kleine dort sieht aus wie ein Hundekopf", fuhr Anne fort. „Wie von einem Terrierwelpen."

„Ein Terrierwelpe?", dachte Philipp und kniff die Augen zusammen, in der Hoffnung, den Hundekopf dann besser erkennen zu können.

„Ausgezeichnet!", rief Leonardo. „Und du, Philipp? Was siehst du in dieser dort?"
Er deutete auf eine längliche Wolke.

Philipp betrachtete sie genau. „Äh ... na ja, die sieht ein bisschen aus wie ein Boot", antwortete er dann.

„Wunderbar", sagte Leonardo. „Versteht ihr, die Ideen für meine Bilder begegnen mir über-all. Ich sehe zum Beispiel einen Wasserfleck an der Wand und erkenne darin das Gesicht einer Frau. Ich schaue auf einen Soßenfleck auf meinem Tischtuch und sehe darin ein Pferd. Ich betrachte eine Pfütze und ein paar Steine und denke an Meere und Gebirge."

„Oh, so etwas tue ich auch oft!", rief Anne.

„Ich stelle mir vor, dass das erste Bild, das je gezeichnet wurde, vielleicht einfach eine Linie um den Schatten eines Menschen an einer Höhlenwand gewesen ist", fuhr Leonardo fort.

„Irre", flüsterte Anne.

„Echt cool", sagte Philipp. Ihm gefiel es, wie Leonardo dachte.

„Und jetzt hört euch die Kirchenglocken an", forderte Leonardo sie auf.

Philipp lauschte. Die Glocken schlugen abwechselnd hohe und tiefe Töne: *Bong-bing-bong-bing! Bong-bing-bong-bing!*

„Ich höre den Kirchenglocken zu, als ob sie mir etwas vorsingen würden", erklärte

Leonardo. „Könnt ihr auch verstehen,
was sie sagen?"

„Na ja ... äh ... nein", dachte Philipp.

Er hörte nur *Bongs* und *Bings*!

„Sie sagen: Du hast sehr viel zu tun an
diesem Montag, Leonardo da Vinci. Mach
dich an die Arbeit!" Leonardo lachte. „Lasst
uns weitergehen, meine Freunde." Der große
Meister ging los, und so liefen sie rasch durch
die Straßen von Florenz.

DAS
FRESKO

Philipp und Anne mussten sich beeilen,
um mit Leonardo Schritt halten zu können.

„Wohin gehen wir?", fragte Anne.

„Zum Palazzo des Großen Rats", antwortete
Leonardo. „Ich habe den Auftrag, ein Fresko in
das Ratszimmer zu malen. Ich arbeite schon
monatelang daran."

„Was ist ein Fresko?", wollte Philipp wissen.

„Das ist ein Gemälde, das direkt auf eine Wand
gemalt wird", erklärte Leonardo. „Man macht
zuerst einen Gipsverputz an die Mauer und
muss dann sehr rasch malen, ehe er trocknet."

„Klingt, als ob es Spaß machen würde",
meinte Anne.

„Mir nicht!" Leonardo schüttelte den Kopf. „Meiner Ansicht nach muss man lange überlegen, um große Kunst zu schaffen. Ich male am liebsten ganz langsam und ändere zwischendurch immer wieder etwas. Deshalb habe ich für dieses Fresko eine besondere Ölfarbe erfunden, die sehr langsam trocknet."

„Und, funktioniert es?", fragte Philipp.

„Viel zu gut", sagte Leonardo. „Jetzt habe ich ein neues Problem: Weder der Gipsputz noch die Ölfarbe ist getrocknet."

„Oh nein!", stöhnte Anne.

„Aber heute kommt alles in Ordnung", meinte Leonardo gut gelaunt. „Ich habe nämlich einen Plan, wie ich das Trocknen beschleunigen kann. Heute Morgen werde ich das alles zu Ende bringen."

Leonardo führte Philipp und Anne auf einen Platz, an dem ein großes Gebäude stand.

„Wir sind da. Das ist der Palazzo des Großen Rats", sagte er.

Der Palazzo glich einer Festung mit groben Steinwänden und einem großen Turm, der hoch in den Himmel ragte.

„Dieser Palazzo ist ein sehr wichtiges Gebäude", erklärte Leonardo. „Hier trifft sich der Regierungsrat von Florenz. Kommt mit." Er öffnete eine der prachtvollen Türen und führte Philipp und Anne in einen Innenhof mit einem Springbrunnen. „Hier entlang geht es zum Rats-saal und zum neuesten Werk von Leonardo da Vinci."

Der Meister sprang einige Stufen empor und lief einen Korridor entlang. Philipp und Anne rannten hinter ihm her, bis er eine weitere prunkvolle Tür aufstieß, eintrat und dann stehen blieb. Leonardo stellte seinen Korb ab, breitete die Arme aus und rief: „Mein Fresko!"

„Wahnsinn", flüsterte Philipp.

Sie befanden sich in einem ungeheuer großen Saal mit hohen Bogenfenstern und weißen Wänden. Auf einem Holzgerüst auf der anderen Seite des Raums standen einige junge Männer. An der Wand über ihnen war Leonardos riesiges Gemälde zu sehen: Männer auf Pferden kämpften um eine Fahne.

Grimmig hieben die Männer mit ihren Schwertern aufeinander ein, ihre Gesichter waren wutverzerrt.

„Die Stadt bezahlt mich dafür, dass ich hier eine Szene aus einer Schlacht male, die einst bei der Verteidigung von Florenz ausgetragen wurde", erklärte Leonardo. „Sie wollten eigentlich, dass ich diese Schlacht als Ruhmestat darstelle. Aber ich bin überzeugt, dass Krieg immer ein bestialischer Wahnsinn ist. Ich hoffe, das sieht man auf meinem Bild."

„Oh ja, das sieht man", bestätigte Anne.

Philipp nickte. Dieses Gemälde machte ihm richtig Angst.

„Zorro!", rief Leonardo.

Einer der jungen Männer auf dem Gerüst kletterte eine Leiter herunter und sprang zu Boden. Er war stämmig, hatte ein rotes Gesicht und lockiges schwarzes Haar.

„Und, ist es heute Morgen besser?", fragte Leonardo.

„Nein", antwortete Zorro. „Die Farbe ist immer noch ziemlich feucht."

„Dann führen wir unseren Plan jetzt aus", beschloss Leonardo. „Sind die Kübel vom Schmied schon da?"

„Ja, dort drüben stehen sie." Zorro deutete auf zwei große Eisenkübel unter dem Gerüst.

„Und hast du Holz besorgt?", wollte Leonardo wissen.

„Ja." Zorro zeigte auf einen Holzstapel an der Wand.

Leonardo ging zum Gerüst hinüber und die Geschwister folgten ihm.

„Worin besteht Ihr Plan, Leonardo?", fragte Anne.

„Meine Lehrlinge und ich werden Holz in die Kübel legen und sie auf das Gerüst stellen", erläuterte Leonardo. „Dann werden wir Feuer darin anzünden. Durch die Hitze des Feuers werden Gips und Farbe schnell trocknen."

„Was können wir tun, um zu helfen?",
fragte Philipp.

„Bringt uns Kienspäne", bat Leonardo.

„Machen wir", sagte Philipp. Er stellte seine
Tasche ab, dann liefen er und Anne zu dem
Holzstoß.

„Kienspäne?", fragte Anne.

„Das sind Holzstückchen", erklärte Philipp.
„Die entzündet man zuerst und brennt damit
dann die größeren Stücke an."

Philipp und Anne sammelten kleine Äste und
Zweige und brachten sie zu Leonardo. Der warf
sie in die eisernen
Kübel.

Zorro schleppte einige Holzscheite herbei. Dann befestigten er und Leonardo die Griffe der Kübel an Seilen, die über ein System von Rollen und Winden liefen.

„Ziehen!", rief Leonardo.

Die Lehrlinge auf dem Gerüst zogen an den Seilen und die schweren Kübel erhoben sich in die Luft.

„Langsam! Langsam!", mahnte Leonardo.

Die jungen Männer zogen die Kübel vorsichtig nach oben. Auf dem Gerüst schoben sie die Gefäße dicht an die Wand.

„Macht das Feuer an!", rief Leonardo.

Zorro entzündete an einer der Fackeln, die am Eingang brannten, eine Kerze. Mit der Kerze kletterte er die Leiter hinauf und steckte die Kienspäne an. Bald loderte Feuer in den Kübeln.

„Holt noch mehr Holz", verlangte Leonardo. „Holt noch mehr Holz!"

Philipp und Anne rannten zurück zum Holzstapel, suchten die größten Scheite aus und brachten sie zur Leiter. Die Lehrlinge zogen das Holz hinauf und warfen es in die Kübel.

Jetzt schossen die Flammen schon hoch in die Luft und erwärmten das Fresko. Philipp und Anne standen mit Leonardo vor dem Gerüst und starrten auf die Schlachtszene. Im Saal wurde es immer heißer.

Mit dem lodernden Feuer über ihm und dem Rauch, der in der Luft lag, hatte Philipp fast das Gefühl, als sei er selbst mittendrin im Kampfgetümmel. Er hörte das Klirren der Schwerter, das Schnauben der Pferde und die Rufe der Männer. Und er erkannte den bestialischen Wahnsinn des Krieges, von dem Leonardo gesprochen hatte.

Doch auf einmal hörte Philipp echte Schreie – Leonardos Lehrlinge riefen alle durcheinander.

„Meister, es tropft!", rief einer.

„Die Farbe schmilzt!", schrie ein anderer.

Philipp sah genauer hin. Auf dem Gemälde lösten sich die Helme der Krieger auf und Farbe lief über ihre wutverzerrten Gesichter.

„Aaaah!", schrie Leonardo entsetzt. „Löscht das Feuer! Löscht sofort das Feuer!"

„KLOPF, KLOPF!"

Die Panik, die man so deutlich auf dem Gemälde sah, verbreitete sich jetzt auch in dem großen Saal. Leonardos Lehrlinge sahen sich aufgeregt um und wussten nicht, was sie tun sollten.

„Wasser vom Brunnen!", brüllte Leonardo.

Er rannte hinaus. Seine Lehrlinge stürmten hinter ihm her.

„Wir müssen auch mithelfen!", rief Philipp Anne zu.

Sie rannten den anderen hinterher in den Innenhof.

Die Lehrlinge füllten Eimer mit Brunnenwasser.

„Beeilt euch!", schrie Leonardo.

Philipp und Anne packten zwei der vollen Eimer und schleppten sie in den Saal. „Das hier ist ja fast wie in Edo", keuchte Philipp und erinnerte Anne an ihre letzte Reise ins alte Japan.

„Hm", machte Anne, „nur dass da eine ganze Stadt gebrannt hat, hier schmilzt nur die Farbe auf einem Gemälde."

„Stimmt", dachte Philipp.

Aber Leonardo führte sich auf, als ginge es um Leben oder Tod!

Der große Meister und seine Lehrlinge trugen die Eimer die Leiter hoch und schütteten das Wasser in die Flammen. Doch es war zu spät. Aus den Helmen, den Gesichtern und den Schwertern der kämpfenden Männer war ein verschwommenes Geschmiere aus Flecken und Streifen geworden. Das Fresko war ruiniert.

Leonardo starrte lange auf die Wand, dann kletterte er die Leiter hinunter und ging zur Tür. Zorro rief ihm hinterher: „Warten Sie, Meister!" Aber Leonardo verließ einfach den Saal.

„Wir müssen ihm nach", sagte Anne zu ihrem Bruder.

„Die Sache hat Leonardo ganz schön mitgenommen", stellte Philipp fest.

„Das stimmt. Aber wir müssen tun, was in dem Gedicht steht: ... *dem Meister hilf den ganzen Tag* ...", erwiderte Anne.

„Und wenn er unsere Hilfe jetzt gar nicht mehr möchte?", wandte Philipp ein.

„Sieh nur, er hat seinen Korb stehen lassen!", rief Anne. „Den können wir ihm doch bringen."

„Okay. Gut", meinte Philipp.

Anne nahm Leonardos Korb mit den Federn, den Blumen, dem Käse und dem Laib Brot in die Hand. Philipp schnappte sich seine eigene Tasche, dann liefen sie aus dem Ratsgebäude. Als sie vor dem Eingang des Palazzos standen, sahen sie den Meister über den Platz gehen.

„Leonardo!", rief Anne.

Doch Leonardo blickte sich nicht um, sondern verschwand in einer schmalen Gasse.

„Schnell!", rief Philipp.

Die Geschwister rannten über den Platz. Als sie in die Gasse einbogen, sahen sie Leonardo ganz am anderen Ende.

„Leonardo! Warten Sie!", rief Anne wieder.

Doch Leonardo wartete nicht. Er ging zügig weiter und bog um die Ecke.

Anne und Philipp rannten schneller. Als sie zu der Ecke kamen, schauten sie nach rechts und nach links. Kinder spielten auf der Straße und zwei Frauen lehnten aus den Fenstern und unterhielten sich. Leonardo war nirgends zu sehen.

„Entschuldigen Sie bitte", unterbrach Anne die beiden Frauen. „Haben Sie Leonardo da Vinci gesehen?"

184

„Oh ja, er ist gerade eben nach Hause gekommen", antwortete die eine Frau.

„Dort wohnt er", erklärte die zweite und deutete auf ein schmales Haus auf der anderen Straßenseite.

„Danke sehr", sagte Anne. Philipp und sie gingen zu dem Haus. Durch einen steinernen Bogen führte ein Weg in einen mit Kopfstein gepflasterten Hof. Ein weißes Pferd war vor einen Karren gespannt und einige Hühner scharrten zwischen den warmen Steinen.

„Na ihr", begrüßte Anne die Tiere.

Philipp deutete auf eine offene Tür.

„Er ist dort drin, ich höre ihn", sagte Philipp.

Die Geschwister gingen leise über den Hof. Vor einem Fenster blieben sie stehen. Leonardo schritt im Zimmer auf und ab. Sein Hut und sein Umhang lagen auf dem Boden und sein Haar stand ihm wild vom Kopf ab.

„Ich gehe weg aus Florenz … Genau, das mache ich." Leonardo führte Selbstgespräche. „Ich werde nach Rom gehen. Oder zurück nach Mailand."

Philipp flüsterte Anne zu: „Wir sollten ihn jetzt nicht stören. Wenn ich mich so schlecht fühle wie er gerade, dann will ich auch nicht, dass mich jemand stört."

„Nicht stören, sondern helfen", berichtigte Anne. „Wenn ich mich so schlecht fühle wie Leonardo, dann möchte ich, dass mir jemand hilft." Und ehe Philipp sie zurückhalten konnte, trat Anne zu Leonardo ins Zimmer. „Klopf, klopf!", sagte sie laut.

Leonardo wirbelte herum. Sein Gesicht war rot und sein Blick war sehr finster. „Was wollt ihr denn hier?", fragte er.

„Wir haben Ihnen die Sachen gebracht, die Sie vergessen haben", erklärte Anne.

„Oh!" Leonardos Gesichtsausdruck wurde sanfter. „Vielen Dank! Stellt doch bitte einfach alles an der Tür ab", sagte er.

Anne setzte den Korb ab und schaute zu Leonardo hoch.

„Wir sollten jetzt besser gehen", flüsterte Philipp ihr leise zu.

„Gleich." Anne machte einen Schritt auf Leonardo zu. „Wir möchten Ihnen gerne helfen", sagte sie.

Der Meister runzelte die Stirn. „Ihr könnt mir nicht helfen", brummte er. „Tu, was dein Bruder sagt, kleines Mädchen. Geht jetzt."

Aber Anne rührte sich nicht vom Fleck.
„Entschuldigen Sie, aber wir müssen Ihnen den
ganzen Tag über helfen. Sie haben uns doch für
heute zu Ihren Lehrlingen ernannt."

„Kannst du denn nicht sehen, wie elend ich
mich fühle?", fragte Leonardo.

„Aber wieso fühlen Sie sich so elend?", wollte
Anne wissen. „Sie haben gesagt, Ruhm ist das
Geheimnis des Glücks für Sie. Und berühmt
sind Sie doch immer noch."

„Aber was nützt einem aller Ruhm, wenn
man immer wieder scheitert?", rief Leonardo.
„Dieses Fresko sollte mein Meisterwerk
werden. Was nützt es mir, berühmt zu sein,
wenn jetzt alle über mich lachen werden, weil
ich versagt habe? Bitte geht nun!"

„Oh, so ist das. Tut mir leid", flüsterte Anne.
„Dabei wollten wir doch nur helfen." Sie und
Philipp wandten sich zum Gehen.

188

„Wartet, wartet, wartet!", rief Leonardo da.
„Bitte entschuldigt!"

Philipp und Anne drehten sich zu ihm um.
Der große Künstler rieb sich mit der Hand über
das Gesicht und seufzte. Dann winkte er sie
heran. „Bitte verzeiht! Kommt herein, kommt
herein", sagte er.

„Danke", erwiderte Anne. Dann traten Philipp
und sie in Leonardo da Vincis Werkstatt.

TAUSEND
NEUE IDEEN

Im Kamin brannte ein kleines Feuer und das Sonnenlicht fiel schräg in das warme Zimmer. Philipp sah sich mit angehaltenem Atem in Leonardos Werkstatt um.

Spiegel, Holztruhen, Farbtöpfe und Pinsel standen und lagen herum, dazwischen ein Globus. An den Wänden hingen Zeichnungen, Gemälde und selbst gemachte Landkarten. Philipp ließ seinen Blick über Stapel alter Bücher, halb fertige Möbel, jede Menge Papiere, Theatermasken, Kostüme und Musikinstrumente schweifen.

„Oh Mann", flüsterte er. „Dieser Raum ist toll!"

„Finde ich auch", sagte Anne.

„Setzt euch doch an den Tisch und ich hole uns etwas zu essen", bat Leonardo. Er schob die Sachen auf dem Tisch beiseite und zog zwei weitere Stühle heran.

„Danke", sagten Philipp und Anne und setzten sich.

Leonardo nahm das Brot und den Käse aus dem Korb und brach für Anne und Philipp etwas davon ab. Der Käse war ziemlich fest, schmeckte aber gut. Das Brot war köstlich – außen knusprig und innen weich. „Hm, wie der Bäcker das wohl hinbekommt?", überlegte Philipp.

„Und wieso möchten Sie weg aus Florenz, Leonardo?", fragte Anne mit vollem Mund.

„Weil mich hier jetzt niemand mehr achten wird", antwortete der Meister. „Letzte Woche hat der Rat der Stadt mir gesagt, dass ich mit dem Gemälde bald fertig werden muss. Aber jetzt wird es überhaupt nie fertig! Und Michelangelo hat mir erst kürzlich vorgeworfen, dass ich nichts je zu Ende bringen würde."

„Was, Michelangelo, der große Künstler?", fragte Philipp.

Leonardo schnaubte. „Du findest wirklich, Michelangelo ist ein großer Künstler? Hast du dir mal seine Statuen angeschaut? Diese Männer mit ihren Muskelpaketen? Die sehen doch aus, als hätten sie Walnusssäcke an den Armen, oder?"

Philipp und Anne lachten.

Leonardo versuchte ein Lächeln zu unter-drücken. „In Wahrheit ist Michelangelo wirklich ein großer Künstler", sagte er. „Trotzdem hätte er nicht zu mir sagen dürfen, ich würde nie etwas fertig bekommen ... selbst wenn es stimmt."

„Wieso bringen Sie denn nichts zu Ende?",
fragte Anne.

„Na ja, das Fresko werde ich nicht beenden,
weil ich mit der Farbe herumexperimentiert
habe", erklärte Leonardo. „Ich mache
andauernd irgendwelche Versuche. Und oft
genug führen meine Experimente in eine
Sackgasse."

„Das ist also Ihr Problem?", fragte Anne.

„Nein, das ist nur eines von vielen", seufzte
Leonardo. „Es gibt einfach zu viele Dinge, die
ich tun möchte, und ich habe nie genug Zeit."

„Was möchten Sie denn noch alles machen?",
erkundigte sich Philipp.

„Oh, ich habe Tausende von Ideen", gestand
Leonardo. Er legte sein Brot und seinen Käse
auf einen Teller und ging zu einer Holztruhe,
die in einer Ecke stand. Er öffnete den Deckel
und starrte einen Moment hinein, dann kam

er zu Philipp und Anne zurück. Seine Augen leuchteten wieder. Was auch immer er in der Truhe entdeckt hatte, es hatte seine Laune beträchtlich verbessert. „Kommt mit und schaut selbst", lud er die Geschwister ein.

Philipp und Anne gingen zur Truhe und schauten hinein. Dutzende und Aberdutzende von einfachen schwarzen Büchern lagen darin – große und kleine.

„Notizbücher", erklärte Leonardo. „Ich habe schon über hundert mit meinen Ideen voll- geschrieben."

„Irre", flüsterte Philipp.

„Philipp schreibt auch dauernd in ein Notizbuch", sagte Anne.

„Dürfen wir darin lesen?", fragte Philipp höflich.

„Natürlich", erlaubte Leonardo großzügig.

Philipp und Anne nahmen sich einige

Bücher heraus und blätterten darin. Die Seiten waren eng beschrieben mit Notizen. Auf manchen Seiten fanden sie Zeichnungen von Gesichtern, Tierköpfen, Blumen, Bäumen, Flüssen, Bergen, der Sonne und dem Mond. In einem Buch waren nur Pferdeskizzen, in einem anderen vor allem Brücken und Gebäude. In einem weiteren entdeckten sie Vögel und Maschinen. Unter einigen der Zeichnungen standen Erläuterungen in einer ganz seltsamen Sprache.

„Bestimmt könnt auch ihr meine Notizen nicht lesen, oder?", fragte Leonardo.

Philipp und Anne schüttelten den Kopf.

„Haltet sie vor den Spiegel", riet Leonardo.

Die Geschwister stellten sich vor einen Wandspiegel, hielten die Bücher hoch und betrachteten die Buchseiten im Spiegel.

„Oh, ich kapiere!", rief Philipp auf einmal.

Jetzt konnte er die Worte lesen. Leonardo hatte alles rückwärts geschrieben – von rechts nach links. Deshalb sah das Wort „Vogel" aus wie

und das Wort „Wind" sah so aus:

„Wieso haben Sie das so geschrieben?",
fragte Anne.

„Die Leute denken immer, ich versuche auf
diese Weise meine Ideen für mich zu behalten",
antwortete Leonardo. „Aber der wahre Grund
ist, ich bin Linkshänder. Und wenn ich ganz
normal von links nach rechts schreibe,
verschmiere ich die Tinte mit dem Handrücken
über die gesamte Seite. Eines Tages habe ich
herausgefunden, dass ich weniger schmiere,
wenn ich rückwärtsschreibe." Er lachte, setzte
sich an den Tisch und biss in sein Brot. Nun
schien er wieder so gut gelaunt und zufrieden
zu sein, wie sie ihn kennengelernt hatten.

„Und was schreiben Sie in Ihre Notizbücher?",
fragte Philipp.

„Oh, ich habe schon Tausende von Ideen und
Gedanken aufgeschrieben", sagte Leonardo.
„Zum Beispiel ..." Er schlug eines der Notizbücher

auf und las vor: „In den Bergen Italiens findet man Fossilien kleiner Meerestiere. Ich nehme an, dass vor vielen Millionen Jahren Meerwasser diese Berge bedeckt hat."

„Ihre Annahme stimmt", sagte Philipp.

Leonardo sah Philipp überrascht an. „Du scheinst dir ja ziemlich sicher zu sein", meinte er.

„Na ja, ich weiß aus Sachbüchern, dass viele Gebirge auf der Erde einst vom Meer bedeckt waren. Deshalb kann man dort auch heute noch fossile Meerestiere finden", erklärte Philipp.

„Wir lesen sehr viele Bücher", warf Anne ein.

„So?" Leonardo nahm ein weiteres Notizbuch zur Hand und las daraus: „Wenn man von einem Wolf angestarrt wird, wird man heiser."

„Hm, das stimmt nicht." Anne schüttelte den Kopf. „Wie sollte ein Tier einen Menschen heiser machen können? Und was hätte es davon?"

Leonardo nickte. „Ja, ich glaube, da hast du recht." Er räusperte sich und las dann eine weitere Notiz vor: „Spinnen brüten ihre Eier aus, indem sie sie anstarren."

„Neiiin!", riefen Anne und Philipp wie aus einem Mund.

„Nein?", wiederholte Leonardo.

„Glauben Sie uns", sagte Philipp und lächelte.

„Das macht Spaß", dachte er. „Wir wissen mehr als der große Meister! Die Wissenschaft hat riesige Fortschritte gemacht seit Leonardos Zeit."

„Na gut. Ich weiß zwar nicht, wieso, aber ich

glaube euch", sagte Leonardo. Er blätterte eine Seite weiter und las: „Der Mond ist vielleicht deswegen so hell, weil er aus schäumendem Wasser besteht."

Philipp schüttelte den Kopf. „Der Mond besteht aus Stein", widersprach er. „Und er scheint deshalb so hell, weil er das Sonnen- licht widerspiegelt." Philipp wusste eine ganze Menge über den Mond.

„Wussten Sie, dass es auf dem Mond keinen Wind gibt?", fragte Anne. „Und wenn die Menschen eines Tages auf dem Mond landen, werden ihre Fußspuren dort für immer und ewig zu sehen sein."

Leonardo grinste. „Wundervoll! Ich fürchte nur, ihr redet Blödsinn, aber mir gefallen eure ungewöhnlichen Ideen und Gedanken."

Er blätterte wieder weiter und las den nächsten Eintrag: „Es muss einen Weg geben,

die natürlichen Kräfte – wie zum Beispiel Wind
oder Dampf – so zu nutzen, dass mit deren Hilfe
die Menschen ihre Aufgaben schneller und mit
weniger Anstrengung erledigen können ..."

„Das ist eine super Idee", fand Philipp.
„Vielleicht werden Schiffe und Züge eines
Tages mit Dampfbetrieb fahren."

„Züge?", fragte Leonardo verständnislos.

„Ja, Züge", bestätigte Anne. „Ein Zug ist
etwas, das wir uns ausgedacht haben, etwas,
das so ähnlich ist wie ... äh ..."

„... wie viele Wagen, die hintereinander auf
Schienen fahren", erklärte Philipp.

„Interessant", murmelte Leonardo und
schloss die Augen, um sich das Ganze besser
vorstellen zu können.

„Und dann gibt es da auch noch die Flugzeuge", fuhr Anne fort. „Wir haben uns dieses
Ding ausgedacht, das wir Flugzeug nennen."

„Genau, die Flugzeuge haben Flügel, und man kann mit ihnen durch die Lüfte fliegen", ergänzte Philipp.

„So wie Vögel", sagte Anne.

Leonardo setzte sich plötzlich kerzengerade auf. „Ihr glaubt, dass es so eine Flugmaschine tatsächlich geben könnte?", fragte er.

„Wir sind uns da sogar ganz sicher", bestätigte Philipp.

Leonardo sprang auf. „Ich glaube, es muss ein Zeichen sein, dass ihr zu mir gekommen seid!", rief er.

„Ein Zeichen wofür?", fragte Anne neugierig.

Leonardos Augen leuchteten. „Ich bin auch davon überzeugt, dass Menschen fliegen können wie Vögel – und heute werde ich es beweisen!"

„Wirklich? Das werden Sie?", fragte Philipp.

„Ja! Bis heute habe ich mich nicht getraut, meine Idee auszuprobieren", gestand Leonardo. „Doch ihr beide habt mir Mut gemacht."

„Worüber redet er da eigentlich?", überlegte Philipp.

„Jetzt bin ich mir sicher, dass mein Plan gelingen wird", sagte Leonardo. „Und das wird mir ewigen Ruhm einbringen."

„Wir wissen eigentlich gar nicht viel über das Fliegen", gab Philipp zu.

„Genau, wir haben uns das ja einfach nur vorgestellt", erklärte Anne.

Aber Leonardo hatte schon seinen Umhang und seinen Hut genommen und rief:

„Kommt mit mir, meine Freunde!" Und schon lief er hinaus auf den Hof.

Philipp schnappte sich seine Tasche, dann folgten Anne und er Leonardo nach draußen. Der Meister sprang auf den Pferdekarren und packte die Zügel. „Klettert rein, klettert rein!", forderte er die Geschwister auf.

Philipp und Anne kletterten auf den Karren und setzten sich neben Leonardo.

„Heute wird der Große Vogel hoch in den Himmel aufsteigen!", rief Leonardo. „Und das gesamte Universum wird staunen!"

DER GROSSE
VOGEL

Leonardo schnalzte mit den Zügeln und der Schimmel verließ klappernd den Hof.

„Und wohin fahren wir jetzt?", wollte Anne wissen.

„Zu einem steilen Hang außerhalb der Stadtmauern", antwortete Leonardo. „Eines Tages werdet ihr den Menschen erzählen können, dass ihr mich an diesem historischen Montag begleitet habt: Ihr habt das berühmte Genie Leonardo da Vinci mit seinem Großen Vogel gesehen!"

„Echt cool, aber könnten Sie uns bitte erzählen, was genau Sie eigentlich vorhaben?", fragte Philipp.

„Seit fünfundzwanzig Jahren zeichne ich nun schon Vögel und Fledermäuse", erklärte Leonardo. „Ich habe sie ganz genau beobachtet und kenne all ihre Bewegungen. Ich weiß, wie sie gleiten, wie sie mit den Flügeln schlagen, wie sie landen und wie sie sich in die Luft erheben. Ich habe unzählige Male überlegt, wieso nicht auch Menschen wie Vögel fliegen können. Also habe ich schon vor etlichen Jahren angefangen, meinen Großen Vogel zu bauen."

„Ihren Großen Vogel?", wiederholte Anne fragend.

„Hahaha!" Leonardo lachte. „Wartet ab und seht selbst!"

Schon fuhren sie durch das Stadttor und weiter hinaus aufs Land. Die strahlende Sonne erwärmte die kühle Luft.

Leonardo zog wieder an den Zügeln, das Pferd verließ die Hauptstraße und bog in einen

felsigen schmalen Weg ein. Der Karren holperte an blassgrünen Olivenbäumen und einem Feld voller gelber Wildblumen vorüber. Dann gelangten sie an den Fuß eines steilen Hügels.

Leonardo brachte das Pferd zum Stehen. „Wir sind da. Seht ihr ihn schon?" Er deutete auf ein seltsames Gestell ganz oben auf dem Hügel. „Das ist mein Großer Vogel!"

„Was soll das sein?", fragte Philipp.

„Er hat Flügel wie eine Fledermaus – nur viel, viel größer. Groß genug für einen Menschen", erklärte Leonardo. „In einer mondhellen Nacht vor ungefähr einem Monat haben mein Lehrling und ich ihn hier auf diesen Hügel geschafft. Ich hatte bisher nur noch nicht den Mut, ihn aus-zuprobieren – aber jetzt tue ich es!"

Philipp überlegte. Er war sich sicher, dass Menschen erst um das Jahr 1900 zum ersten Mal mit Flugzeugen geflogen sind.

„Na ja ... vielleicht sollten Sie doch noch eine Weile an dieser Sache arbeiten", schlug er vor. „Ich meine, vielleicht ..."

„Nein, nein! Heute ist der große Tag! Das weiß ich sicher!", widersprach Leonardo. „Bleibt einfach hier und schaut zu!"

Leonardo stieg vom Wagen und ging mit langen Schritten den steilen Hang hinauf.

„Los, schlag rasch *Großer Vogel* in dem Leonardo-Buch nach", flüsterte Anne.

Philipp zog das Buch aus seiner Tasche und suchte im Stichwortverzeichnis.

„Da steht etwas", sagte er und schlug die entsprechende Seite auf. Dann las er laut vor:

Leonardo da Vinci arbeitete über viele Jahre an einer Flugmaschine, die er den *Großen Vogel* nannte. Doch erst mit der Erfindung der Leichtmotoren – fast vierhundert Jahre

nach Leonardos Lebzeiten – war es Menschen
möglich, mit ähnlichen Geräten zu fliegen.
Es ist nicht bekannt, ob Leonardo seinen
Großen Vogel jemals ausprobiert hat. Falls
er das getan hätte, wäre er bestimmt damit
abgestürzt.

„Oh nein!", rief Anne. „Seine Flugmaschine
funktioniert nicht! Wenn Leonardo versucht,
den Hang hinunterzufliegen, wird er abstürzen!
Wir müssen ihn aufhalten, ehe er sich verletzt!"

Anne stürmte los. Philipp steckte das Buch
wieder ein, ließ die Tasche auf dem Karren
liegen und rannte hinter Anne den steilen
Hügel hinauf.

„Nicht, Leonardo! Warten Sie!", schrie Anne.

Aber der große Meister ging unbeirrt weiter.

„Menschen können jetzt noch nicht fliegen!",
brüllte Philipp.

„Bitte probieren Sie es nicht, Leonardo!",
rief Anne.

Leonardo war schon längst oben auf dem
Hügel, als Philipp und Anne erst die Hälfte
der Strecke geschafft hatten. Er legte sich die
Gurte des Großen Vogels an. Griffe befanden
sich unterhalb der Gurte und zu beiden Seiten
wölbten sich riesige, mit Segeltuch bespannte
Flügel über den hölzernen Rahmen.

„Nicht!", schrie Philipp.

Aber Leonardo stolperte schon zum Rand
des Abgrunds, die Flugmaschine fest auf

den Rücken geschnallt. Das Fluggerät war so schwer, dass er kaum aufrecht stehen konnte.

„Nicht, Leonardo, stopp! Sie brauchen einen Motor!", brüllte Anne.

Aber Leonardo ging in die Knie, bückte sich tief hinunter, packte die beiden Griffe und zog sie an seine Brust. Die riesigen Flügel bewegten sich.

„Der Große Vogel öffnet die Flügel und wird vom Wind getragen!", schrie Leonardo.

„Neeiiin!", riefen Philipp und Anne.

In diesem Moment sprang Leonardo vom Rand des Abhangs. Ein Windstoß hob ihn in die Höhe. Der Wind hielt das Fluggerät oben und Leonardo zog und drückte an den Griffen. Die Flügel bewegten sich auf und ab.

Doch Leonardo konnte nicht schnell genug mit den Flügeln schlagen. Obwohl er wie ein Wahnsinniger an den Griffen zog und ruckte, sank er schon bald nach unten – bis schließlich Flügel, Holzgerüst und Leonardo krachend zu Boden stürzten.

„Leonardo!", schrie Anne.

Die Geschwister rannten den Abhang hinunter. Am Fuß des Hügels lag Leonardo da Vinci unter einem jämmerlichen Haufen Schrott. Die zerbrochenen Flügel lagen im Gras. Philipp und Anne stürzten zu ihm.

„Wie geht es Ihnen?", fragte Anne.

Keine Antwort.

„Oh nein, wir haben ihn umgebracht", dachte Philipp.

Doch dann bewegte sich Leonardo und hob eine Hand.

„Wie geht es Ihnen?", fragte Anne noch einmal.

Leonardo hob die zweite Hand, rollte sich zur Seite und schnallte die Gurte des Fluggeschirrs

ab. Dann kroch er unter den Holztrümmern hervor und setzte sich auf. Sein Gesicht war zerschrammt.

„Wie geht es Ihnen?", fragte Anne zum dritten Mal.

Leonardo sah sie mit trüben Augen an und schüttelte den Kopf. „Gar nicht gut."

„Haben Sie sich etwas gebrochen?", erkundigte Anne sich besorgt.

Leonardo stand auf und starrte auf die zerbrochenen und zerrissenen Flügel des Großen Vogels. Er seufzte. „Nur mein Herz", sagte er leise. „Nur mein Herz ist gebrochen."

Leonardo humpelte über die Wiese zurück zu dem Pferdekarren. Philipp und Anne gingen hinter ihm her. Als Leonardo beim Karren ankam, schnaubte der Schimmel, so als ob er ihn trösten wolle. Leonardo presste seinen Kopf an den Hals des Pferdes.

Anne trat zu ihm und fragte leise: „Und wieso ist Ihr Herz gebrochen, Leonardo?"

Leonardo schaute zum Hügel hinauf.

„Mein ganzes Leben lang habe ich immer wieder Dinge angefangen, die zu nichts führten", sagte er. „Die Türme und Brücken, die ich entworfen habe, wurden nie gebaut. Meine wissenschaftlichen Theorien konnte ich niemals beweisen ..."

„Aber ...", wollte Anne einwenden, doch Leonardo sprach einfach weiter: „Jahrelang habe ich an den Plänen zu einer riesigen Pferdeskulptur gearbeitet, die ich für den Grafen von Mailand anfertigen wollte. Doch auch daraus wurde nichts. Ich habe nur ganz wenige Gemälde tatsächlich fertiggestellt. Nicht einmal mein Lieblingsbild von einer wunderschönen Florentiner Dame kann ich beenden. Und dann habe ich heute auch noch

das Fresko im Ratssaal zerstört. Doch trotz all meiner Niederlagen gab es immer etwas, das mich getröstet hat."

„Was war das?", fragte Philipp.

„Ich war mir sicher, dass ich eines Tages der erste Mensch auf der Welt sein würde, der fliegt." Leonardos Stimme zitterte. „Und nachdem ich mit euch gesprochen hatte, wusste ich, die Zeit, meine Flugmaschine auszuprobieren, war gekommen."

„Das tut uns leid", sagte Anne.

„Nein, nein, nicht nötig", beschwichtigte Leonardo sie. „Irgendwann hätte ich es ja schließlich sowieso ausprobiert. Aber jetzt ist auch dieser Traum fehlgeschlagen. Ich werde niemals berühmt werden, weil ich fliege. Ich werde überhaupt niemals fliegen." Er ließ den Kopf hängen und starrte zu Boden. „Ich werde jetzt wieder nach Hause fahren und all meine

Notizbücher, die angefangenen Gemälde und Erfindungen verbrennen. Und dann kehre ich Florenz den Rücken und komme nie wieder zurück."

„Oh nein!", rief Philipp.

„Warten Sie", sagte Anne. „Sie werden fliegen!"

„Anne", flüsterte Philipp warnend, denn er wusste genau, dass die Flugmaschine nicht funktionieren konnte, und er wollte bei Leonardo keine falschen Hoffnungen wecken.

„Sie werden fliegen, Leonardo!", wiederholte Anne. „Und Sie werden begeistert sein!"

„Aber Anne! Menschen können in diesem Jahrhundert unmöglich fliegen", flüsterte Philipp seiner Schwester zu. „Man braucht dazu einen Motor – und den haben wir nicht."

Doch Anne beachtete ihn überhaupt nicht.

„Wartet hier einen Augenblick auf mich, ich muss etwas holen", erklärte sie.

Sie kletterte auf den Karren und griff in Philipps Tasche.

Als sie sich umdrehte, hielt Philipp überrascht die Luft an. An den Dianthus-Zauberstab hatte er überhaupt nicht mehr gedacht.

FLÜGEL

Anne hob den Zauberstab. „Bitte schließen
Sie die Augen, Leonardo."

Doch der Meister schüttelte nur den Kopf.

„Bitte", sagte Anne eindringlich, „nur für
einen Augenblick."

Leonardo stützte seinen Kopf in die Hände.

„Haben Sie heute Morgen nicht gesagt, ein
Künstler müsse Fantasie und Beobachtungs-
gabe miteinander vereinen?", fragte Anne.

Leonardo nickte schwach.

„Dann passen Sie gut auf, denn jetzt kommt
der fantastische Teil", sagte Anne. Sie deutete
mit dem Zauberstab erst auf Leonardo, dann
auf Philipp und sich selbst. An den Fingern

zählte sie die Worte ab, dann rief sie: „Lass –
uns – fliegen – wie –Vögel!"

Leonardos Arme bewegten sich von allein
zur Seite. Sie waren von langen grauen Federn
bedeckt. Dann verwandelten sich Philipps Arme
in Flügel – ebenso wie Annes.

„Was ist das denn?", rief Leonardo.

„Flügel!", antwortete Anne.

Philipps Flügel waren leicht und luftig,
aber gleichzeitig auch stark und kräftig.

„Jetzt können wir fliegen", erklärte Anne.

„Flügel?", wiederholte Leonardo verblüfft.
Dann lachte er. „Wir haben Flügel! Wir haben
Flügel! Los, lauft! Lauft in den Wind!"

Philipp, Anne und Leonardo breiteten ihre
Arme aus und machten einige schnelle Schritte
vorwärts. Der Wind fuhr unter ihre Flügel und
hob sie vom Boden.

„Hurra!", schrie Leonardo.

Die drei stiegen hoch hinauf in den Himmel. Ein sanfter Luftstrom erfasste sie, sodass sie nicht mehr mit den Flügeln schlagen mussten. Sie flogen in einem großen Bogen über die Landschaft.

Philipp fühlte sich so leicht wie der Wind und sein Herz schlug sehr schnell.

„Unglaublich, oder?", rief Anne.

„Der beste Flug, den wir je gemacht haben", antwortete Philipp.

Die Geschwister waren schon oft geflogen: auf einem Drachen, mit einem Fahrrad, auf einem geflügelten Löwen und einem fliegenden Teppich, und einmal auf dem Rücken eines weißen Hirschs. Bei einem Abenteuer waren sie sogar in Gestalt von Raben über ein verwunschenes Schloss geflogen. Doch das hier war das erste Mal, dass sie selbst ganz eigenständig fliegen konnten.

„Mir nach!", rief Leonardo. Er neigte seine Flügel und die Geschwister folgten ihm. Zu dritt sausten sie über die menschenleeren Hügel und glitten hinauf in die tief hängenden Wolken.

Kühle, feuchte Nebelfetzen wehten Philipp ins Gesicht. Es war, als ob er durch den Himmel schwimmen würde, als ob die Wolken Wasser wären.

Vor Begeisterung laut lachend und jauchzend flog Leonardo vor Philipp und Anne her. Er glitt aus den Wolken und flog wieder etwas tiefer – über gelbe Blumenwiesen und blassgrüne Olivenhaine.

„Hallooo!", rief Leonardo den Bauern zu, die ihre Felder pflügten. Doch die Bauern schauten nicht hoch.

„Hallooo!", rief er den Leuten zu, die in einem Weinberg Trauben pflückten – doch auch die schauten nicht hoch.

Niemand sah zu ihnen hinauf – nur die Vögel am Himmel schienen sie zu bemerken. Immer wieder kamen neue Vögel krächzend auf sie zugesegelt, als ob sie die drei in ihrer Welt willkommen heißen wollten. Die Vögel flogen um sie herum und begleiteten sie über die Stadtmauern nach Florenz.

Philipp, Anne und Leonardo kreisten mit
den Vögeln über dem Meer aus rot gedeckten
Dächern, über dem großen Dom und über dem
Glockenturm des Palazzos vom Großen Rat.

„Florenz sieht so übersichtlich und ordentlich
aus von hier oben!", rief Leonardo den beiden
Geschwistern zu. „Wenn ich nur mein Skizzenbuch dabeihätte!"

„Die Stadt sieht von hier oben tatsächlich
sehr ordentlich aus", dachte

Philipp: der lebhafte Markt mit den langen
Reihen von Ständen und Zelten, die schmalen
Straßen mit den bunten Kleidern auf den
Wäscheleinen, die überdachte Brücke, der sich
schlängelnde, funkelnde Fluss ...

Die Geschwister und Leonardo stiegen mit
den Vögeln wieder höher und flogen über
die Stadtmauer zurück aufs Land. Sie glitten
über Olivenhaine und Weinberge hinweg.

Schließlich kreisten sie über der Stelle, an der Leonardos Großer Vogel zerbrochen im Gras lag.

Die Vögel verabschiedeten sich krächzend und verschwanden in den Wolken. Leonardo, Anne und Philipp flogen tiefer und tiefer. Sie breiteten ihre Schwingen weit aus und dann berührten ihre Füße das Gras. Sie machten erst einige Flatterbewegungen mit ihren Flügeln, dann ein paar rasche Hopser, ehe sie stehen blieben.

Sobald alle drei wieder fest auf den Füßen standen, verschwanden die langen Federn und die Vogelschwingen wurden wieder zu Armen. Leonardo war ganz benommen. Er starrte nach oben in den Himmel, dann stolperte er einige Schritte vorwärts und fiel vornüber ins Gras.

„Leonardo!", rief Anne.

„Oh nein!", dachte Philipp. „Jetzt hat er einen Herzanfall!"

„Leonardo?", fragte Anne wieder. Sie kniete sich neben ihn.

Leonardo rollte sich herum und starrte Anne und Philipp an. „Was ... was ist gerade geschehen?", stammelte er. „Sind wir geflogen? Sind wir wirklich geflogen? Oder war das nur ein Traum?"

„Äh ... na ja ..." Philipp wusste nicht, was er antworten sollte. Um Leonardo das mit dem Zauberstab zu erklären, müssten sie ganz am Anfang beginnen: Bei dem magischen Baumhaus, bei Morgan, Merlin, Teddy, Kathrein, Dianthus ... und das würde ewig dauern.

„Also", begann Anne, „eines Tages, es ist schon eine ganze Weile her, da haben wir im Wald gespielt und ..."

„Anne!" Philipp schüttelte den Kopf.

Anne runzelte die Stirn und sagte: „Ich glaube, das kann man gar nicht richtig erklären."

Leonardo schaute wieder hinauf in den

Himmel. „Nein, nein", flüsterte er. „Da hast du wahrscheinlich recht. Manche Dinge sollten lieber ein Geheimnis bleiben, das wir in unseren Herzen aufbewahren. Wir sollten gar nicht erst versuchen, sie lang und breit zu erklären."

„Was für eine erstaunliche Feststellung für jemanden, der sonst immer alles zu erklären versucht!", dachte Philipp.

„Aber wenn ich es erklären müsste, würde ich es so ausdrücken", fuhr Leonardo fort und sprang auf. „Jahrelang habe ich alle Beobachtungen über den Vogelflug aufgeschrieben. Ich habe Hunderte von Zeichnungen angefertigt. Beides hat mir beim Bau meiner Flugmaschine geholfen. Doch am Ende hat etwas gefehlt – etwas sehr Wichtiges."

„Und was?", fragte Anne.

„Die Seele eines Vogels", antwortete Leonardo. „Schließlich ist ein Vogel keine Flugmaschine.

Ein Vogel hat eine Seele. Und gemeinsam mit euch beiden habe ich diese Vogelseele entdeckt. Wenn auch nur für kurze Zeit und in meiner Fantasie – aber eine Weile waren wir drei den Vögeln näher als den Menschen."

„Und hat die Vogelseele Ihr gebrochenes Herz heilen können?", wollte Anne wissen.

Leonardo lächelte. „Ja, mein Herz ist geheilt. Ich bin bereit, den Traum vom Fliegen hinter mir zu lassen und mich anderem zuzuwenden. Und es macht mir auch nichts aus, dass die Welt niemals etwas von meinem großen Triumph erfahren wird."

„Dann ist Ruhm vielleicht doch nicht Ihr Geheimnis des Glücks?", fragte Philipp.

„Ganz bestimmt nicht", antwortete Leonardo. „Das weiß ich jetzt. Denn man muss bei dem, was man tut, einfach seinem Herzen folgen. Zum Beispiel arbeite ich gerade an einem

Gemälde. Ich liebe dieses Bild und es ist mir völlig egal, ob andere es je sehen werden ... Oh ... oh nein! Wie spät ist es?" Er sah gehetzt zur Sonne hoch. „Ich muss gehen, sonst komme ich zu spät!"

„Zu spät wozu?", fragte Anne.

„Zu spät zu meinem Modell in meiner Werkstatt", antwortete Leonardo. „Zu der Frau, von der ich ein Porträt male. Ich habe euch gerade eben davon erzählt. Wir müssen zurück."

Philipp, Anne und Leonardo rannten zu dem Karren und kletterten hinauf. Leonardo schnalzte mit den Zügeln und der Schimmel trabte mit klappernden Hufen zurück nach Florenz.

DAS
LÄCHELN

Auf dem Rückweg sagte zuerst niemand ein Wort. Es war, als ob keiner von ihnen den Zauber brechen wollte, den sie immer noch spürten. Obwohl Philipp jetzt in dem holpernden Karren auf und ab hopste, konnte er sich ganz genau an das Gefühl erinnern, wie es war, über den Wolken zu fliegen. Fast konnte er das Rascheln seiner langen Federn noch hören.

Der Karren fuhr durch das Tor in der Stadtmauer. Als sie durch die Straßen der Stadt zuckelten, brach Anne das Schweigen. „Also, wenn Ruhm nicht Ihr Geheimnis zum Glück ist, was ist es dann?", fragte sie Leonardo. „Glauben Sie, dass es vielleicht das Fliegen ist?"

Leonardo dachte einen Augenblick nach. „Nein, nein. Das Geheimnis zum Glück kann unmöglich das Fliegen sein."

„Aber wieso denn nicht?", wollte Philipp erstaunt wissen.

„Weil das ein sehr großer Traum ist, den aber keiner außer uns sich je erfüllen wird", antwortete Leonardo. „Und das Glück kann es unmöglich nur für uns geben."

„Das ist wahr", räumte Anne ein.

„Aber was ist es dann?", rätselte Philipp.

„Hmmm." Leonardo schwieg. Dann seufzte er. „Darüber muss ich noch nachdenken", sagte er schließlich.

Philipp schaute sorgenvoll zum Himmel. Bald würde die Sonne untergehen und die Nacht hereinbrechen. In dem Gedicht hieß es, dass sie zurück nach Hause gehen mussten, wenn die Vögel ihr Abendlied sangen.

„Und wie lange wird es wohl dauern, darüber nachzudenken?", fragte Philipp.

„Das weiß ich nicht", antwortete Leonardo. „Im Augenblick weiß ich nur, dass ich mich beeilen muss, um mein Modell noch zu treffen. Sie ist schon traurig genug, auch ohne dass ich zu spät komme."

„Wieso ist sie denn traurig?", erkundigte Anne sich.

„Das will sie nicht verraten." Leonardo zuckte mit den Schultern. „Vielleicht hat sie es ja satt, mein Modell zu sein. Seit drei Jahren kommt sie schon zu mir, damit ich sie malen kann."

„Irre, das ist wirklich lange!", staunte Anne.

„Ja, ja, ist es", gab Leonardo zu. „Seit einiger Zeit lächelt sie nicht einmal mehr, sondern schaut mich nur traurig an. Ich habe schon Sänger, Musikanten und Spaßmacher bestellt, um sie aufzuheitern – aber es nützt nichts."

„Vielleicht sollten Sie sich heute lieber nicht mit ihr treffen", meinte Philipp. Er wollte nicht, dass Leonardo seine gute Laune verlor. Er sollte schließlich darüber nachdenken, worin das Geheimnis des Glücks bestand.

„Doch, ich muss", beharrte Leonardo. „Das Licht ist heute perfekt. Der späte Nachmittag ist in meinem Hof die ideale Zeit zum Malen, dann ist das Sonnenlicht golden und die Schatten werden länger ..."

Schatten tauchten tatsächlich auf, als der Schimmel den Karren in Leonardos Hof zog. Eine junge Frau stand an der Tür der Werkstatt.

„Lisa!", rief Leonardo.

„Hallo, Leonardo", erwiderte die Frau. Sie trug ein dunkles Kleid und hatte ein Seidentuch um die Schultern geschlungen. Ihr langes braunes Haar war mit einem dünnen Schleier bedeckt. Sie hatte eine hohe Stirn und große braune

Augen. Sie sah aus wie jemand, den Philipp
kannte, aber er kam nicht darauf, wer es war.

„Verzeih, Lisa, ich komme zu spät", sagte
Leonardo und sprang vom Karren. „Wartest du
einen Moment, bis ich meine Sachen geholt
habe?"

„Ja, ich warte", antwortete Lisa.

Leonardo lief ins Haus, während die
Geschwister vom Karren kletterten. „Hallo, wir
heißen Anne und Philipp", stellte Anne sich und
ihren Bruder vor.

Die Frau lächelte sie an. „Ich heiße Lisa“, erwiderte sie.

„Ich glaube, ich kenne Sie von irgendwoher“, sagte Anne.

„Wirklich? Seid ihr denn auch aus Florenz?“, fragte Lisa.

„Nein, wir wohnen eigentlich in Pepper Hill in Pennsylvania“, erzählte Anne. „Das ist ziemlich weit weg von hier.“

Lisa lächelte wieder. „Mir gefällt der Name eurer Stadt“, meinte sie.

„Für andere Leute lächelt Lisa also doch“, dachte Philipp. „Und wieso will sie nicht für Leonardo lächeln?“

Leonardo kam mit einer kleinen Leinwand, einer Staffelei und Farben wieder in den Hof. Dann holte er einen Hocker für Lisa. Sie setzte sich und faltete die Hände.

Leonardo stellte seine Leinwand auf die

Staffelei. Während er seine Farben vor-
bereitete, betrachteten Philipp und Anne
das halb fertige Bild.

„Wie hübsch", flüsterte Anne.

Auf der Leinwand sah man das Modell, Lisa.
In ihrem Gesicht war nur der Mund noch
nicht gemalt. Im Hintergrund sah man eine
nebelverhangene Landschaft mit Hügeln und
verschlungenen Flüssen.

Leonardo nahm seinen Pinsel, tauchte ihn in
Farbe und fing an zu arbeiten.

Philipp und Anne beobachteten, wie der
große Meister eine dünne Schicht grüne Farbe
auftrug.

„Was machen Sie denn jetzt?", fragte Anne.

„Ich trage viele ganz dünne Farbschichten
auf dem Hintergrund auf", erklärte Leonardo
leise. „Dadurch entsteht auf dem Bild ein
sanftes grünliches Licht, alles fließt zusammen

wie Rauch und man kann Licht und Schatten nicht mehr unterscheiden."

„Wie sind Sie denn darauf gekommen?", wollte Anne wissen. „Ich meine, Sie finden immer wieder neue Wege, irgendetwas zu machen. Wie machen Sie das?"

„Ich stelle Fragen", erklärte Leonardo. „Andauernd stelle ich neue Fragen: Wie kann ich am besten Licht malen? Wie kann ich Schatten darstellen? Wie kann ich dieses tun, wie jenes?" Leonardo hörte auf zu malen. Er legte seinen Pinsel zur Seite und schaute Philipp und Anne an. Seine Augen funkelten. „Und nun, meine Freunde, kenne ich das Geheimnis des Glücks!"

„Wirklich?", fragte Philipp gespannt.

„Ja!", bestätigte Leonardo. „Dieses Geheimnis des Glücks steht uns allen zur Verfügung. Zu jeder Stunde und jeden Tag.

Jungen, alten, reichen und armen Menschen –
jeder kann auf diesem Weg das Glück finden."

„Wie?", fragte Anne. „Worin besteht das
Geheimnis?"

Sie und Philipp beugten sich vor, so begierig
waren sie auf die Antwort.

„Neugier!", sagte Leonardo.

„Neugier?", wiederholte Philipp. Er war
neugierig, sehr sogar.

„Fragen stellen. Immer versuchen, etwas
Neues zu lernen. Fragen: Wieso? Wann? Wo?
Was? Sagen: Ich möchte wissen, was das
bedeutet! Oder: Wie das wohl funktioniert?
Wie dieser Mensch wohl ist? Oder der dort,
oder jener! Ich suche ständig nach Lösungen
für Dinge, die ich nicht verstehe."

„Ich auch!", rief Philipp.

„Und deswegen freue ich mich auf jeden
neuen Tag, auf jeden Frühling und Sommer

und Herbst und Winter, und auf jeden Monat und jedes Jahr, das vor mir liegt, weil es noch so vieles zu entdecken gibt", sagte Leonardo.

„Ich auch!", rief Anne.

„Durch meine Neugier vergesse ich meine Niederlagen und Sorgen und fühle mich oft richtig glücklich", erzählte Leonardo. Er schaute hoch zum Himmel. „Ich würde zum Beispiel zu gerne wissen, wie sie die Kuppel des Doms gebaut haben."

„Ich auch", sagte Philipp.

„Und ich möchte gerne wissen, wieso die Wolken ihre Form verändern!", rief Anne.

„Oder ... wieso das Brot außen so knusprig und innen weich ist?", überlegte Philipp.

„Gibt es wirklich nur zehn Nasenformen?", fragte Anne.

„Wie viele unterschiedliche Ohrenformen gibt es?", rätselte Philipp. „Und wie viele verschiedene Füße?"

„Oder Hände!", rief Anne.

„Oder Augenbrauen!", ergänzte Philipp.

Ihre Stimmen überschlugen sich fast, als sie immer neue Fragen stellten: „Wer läutet die Glocken im Turm?"

„Wieso ist der Himmel blau?"

„Wo schlafen die Vögel in der Stadt?"

„Und wieso will Lisa nicht für Leonardo lächeln?", rief Anne.

Philipp und Leonardo starrten Anne an,

dann wandten sich alle drei Lisa zu. Philipp hatte schon völlig vergessen, dass sie auf dem Hocker vor der Staffelei saß.

Die stille, schöne Frau blinzelte. „Was?", fragte sie. „Was hast du gerade gesagt?"

„Wieso wollen Sie nicht für Leonardo lächeln, Lisa?", wiederholte Anne. „Sind Sie böse auf ihn, weil Sie schon seit drei Jahren für ihn Modell sitzen müssen?"

Lisa wurde rot und musste gegen Tränen ankämpfen. Sie schüttelte den Kopf.

„Dann gibt es einen anderen Grund?", fragte Anne leise.

Lisa schaute Leonardo an und er erwiderte ihren Blick. „Ja", flüsterte sie, „den gibt es."

„Und welchen?", erkundigte Anne sich.

„Ich habe Angst zu lächeln", gestand Lisa. Sie ließ Leonardo nicht aus den Augen, obwohl sie zu Anne sprach. „Denn wenn ich lächle, wird

Leonardo mein Lächeln malen und dann ist er fertig mit dem Bild. Er wird es an meine Familie verkaufen und nie wieder an mich denken."

Einen Augenblick schwiegen alle. Philipp und Anne schauten Leonardo an. „Anne", flüsterte Leonardo schließlich, „bitte sage Lisa, dass ich das Bild natürlich fertig malen will. Aber dass ich es nicht an ihre Familie verkaufen werde. Ich werde es mitnehmen, wo auch immer ich hingehe, und mich für den Rest meines Lebens niemals mehr davon trennen – und ich werde sie niemals vergessen!"

„Lisa, Leonardo hat gesagt, äh ... dass ...“, begann Anne.

Doch Lisa unterbrach sie. „Ich habe es gehört“, sagte sie leise. Dann lächelte sie. Es war nur ein ganz zaghaftes Lächeln, aber zugleich geheimnisvoll und wunderschön. Ihr Gesicht leuchtete im goldenen Licht des Spätnachmittags.

„Ah!“, rief Leonardo plötzlich. „Bleib so. Nicht aufhören, so zu lächeln!“ Er sah Lisa unverwandt an und tauchte seinen Pinsel in die Farbe. „Bitte, behalte dieses Lächeln, Mona Lisa!“

„Mona Lisa?“, dachte Philipp. „Den Namen habe ich doch schon irgendwo gehört.“

Lisa lächelte und Leonardo malte.

„Hörst du das?“, fragte Anne ihren Bruder.

Philipp horchte. Er hörte einen Vogel pfeifen und trällern. Es war ein unscheinbarer brauner Vogel, der auf dem Dach saß und sang.

„Sieht aus wie der Vogel, den du freigelassen hast", meinte Philipp.

„Das ist der Vogel", flüsterte Anne.

„Es ist eine Nachtigall", sagte Leonardo, ohne die Augen von Lisa abzuwenden. „Eine wunderbare Sängerin, nicht wahr?"

Anne lächelte Philipp zu. „Zeit zu gehen", meinte sie. „In Morgans Gedicht heißt es ... *dem Meister hilf den ganzen Tag. Von morgens, bis die Sonne sinkt und der Vogel sein Abendlied anstimmt.*"

„Du hast recht." Philipp seufzte. „Auf Wiedersehen, Leonardo."

Leonardo schien ihn gar nicht zu hören.

„Auf Wiedersehen, Lisa", sagte Anne.

Lisa sah Anne und Philipp an und flüsterte: „Auf Wiedersehen."

Da drehte auch Leonardo sich zu ihnen um und sagte: „Ja, auf Wiedersehen, meine

Freunde. Bitte kommt bald wieder. Ihr wart mir wirklich eine sehr große Hilfe heute."

„Sie haben uns auch sehr geholfen", erwiderte Anne.

Leonardo verbeugte sich leicht vor ihnen und wandte sich dann wieder seiner Arbeit zu. Während er Lisas Lächeln malte, sang die Nachtigall immer weiter. Das Lied des Vogels wurde lauter und lauter, als ob er in ganz Florenz gehört werden wollte.

FRAGEN

Es dämmerte schon, als Anne und Philipp hinaus auf die Straße traten.

„Wo ist eigentlich der Baum mit dem Baumhaus?", fragte Anne.

„Irgendwo auf der anderen Seite der Brücke, oberhalb der großen Kuppel-Kirche", antwortete Philipp.

Sie behielten die große Kuppel im Blick, während sie durch die Straßen von Florenz wanderten. Als sie zum Dom kamen, war der Platz davor menschenleer. Die großen Türen der Kirche standen offen, und die Geschwister sahen, dass drinnen Kerzen brannten.

Philipp und Anne gingen weiter und

kamen zum Marktplatz. Alle Zelte und Stände waren schon geschlossen und die Waren zusammengepackt. Niemand war zu sehen.

Die beiden liefen den gleichen Weg zurück, den sie am Morgen gekommen waren. Die Läden in den engen Gassen waren jetzt nicht mehr geöffnet. Sie gingen über die Brücke und dann den Fluss entlang. Unterwegs kamen sie an Häusern vorüber, aus deren Schornsteinen Rauch in den dunklen Himmel stieg.

Schließlich erreichten die Geschwister die Hecke, hinter der der hohe Baum stand, in dem das Baumhaus verborgen war. Im diesigen Dämmerlicht kletterten sie die Strickleiter hoch.

„Ehe wir uns nach Hause wünschen, möchte ich noch etwas nachschauen", sagte Philipp. Er holte das Leonardo-Buch aus seiner Tasche, suchte im Stichwortverzeichnis nach „Mona Lisa" und schlug die entsprechende Seite auf.

„Hey, sieh doch, das ist ja Lisa!", rief Anne. Philipp und Anne schauten sich die Abbildung von Leonardos Gemälde an. Es sah ganz genauso aus wie eben noch in seinem Hof – nur dass das Lächeln auf Lisas Gesicht fertig gemalt war. Es war das gleiche Lächeln, das sie in Wirklichkeit gesehen hatten. Philipp las vor, was unter der Abbildung stand:

Leonardos Gemälde von Mona Lisa ist wahrscheinlich das berühmteste Gemälde der Welt. Man nimmt an, dass es ein Porträt

von Lisa del Gioconda ist. (Das italienische Wort *Mona* bedeutet so viel wie *meine Dame*.) Leonardo da Vinci hat das Bild von Lisa niemals verkauft, sondern es sein Leben lang behalten und überall mit hingenommen.

Philipp schlug das Buch zu. „Er hat sein Versprechen gehalten!"

„Ich wusste, dass er es nicht brechen würde", sagte Anne. Sie seufzte. „Tschüss, Leonardo", flüsterte sie. Dann nahm sie das Gedicht von Morgan in die Hand, deutete auf die Worte „Pepper Hill" und sagte: „Ich wünschte, wir wären dort!"

Wind kam auf.

Das Baumhaus fing an, sich zu drehen.

Es drehte sich schneller und immer schneller.

Dann war alles wieder still.

Totenstill.

Durch die Fenster des Baumhauses fiel helles Sonnenlicht. Solange Anne und Philipp mit dem Baumhaus verreist waren, war in Pepper Hill die Zeit stehen geblieben. Die Schulglocke läutete immer noch – das bedeutete, dass in zehn Minuten der Unterricht anfing. Philipp und Anne trugen wieder ihre Schulkleidung und Philipps Leinentasche hatte sich in seinen Rucksack zurückverwandelt.

„Wir müssen uns beeilen!", drängte Anne.

„Ich weiß", sagte Philipp und machte seinen Rucksack auf. Er freute sich, als er den Dianthus-Zauberstab darin sah. Als er das Leonardo-Buch herausholte, fiel ein Blatt Papier auf den Boden: die Skizze von Leonardos Engel.

„Oh, das hatte ich ja völlig vergessen!",
rief Philipp. Die Geschwister betrachteten
die Zeichnung.

„Man sieht sofort, dass er ein sehr guter
Zeichner ist", fand Anne.

„Stimmt, und die Skizze erinnert uns an
Leonardos Geheimnis des Glücks", meinte
Philipp.

„Alles hat seine Neugier geweckt", sagte
Anne. „Engel, Nasen, Vögel ..."

„... Federn, Blumen, Wölfe, Spinnen ...",
zählte Philipp weiter auf.

„Licht und Schatten", ergänzte Anne.

„Glocken, Wolken, der Mond ...", sagte
Philipp.

„Und jedes Mal, wenn er wegen irgendetwas
traurig war, machte seine Neugier ihn wieder
froh", fasste Anne zusammen.

Philipp steckte das Bild des Engels vorsichtig

wieder in seinen Rucksack. „Los", sagte er,
„sonst kommen wir zu spät zur Schule." Philipp
kletterte die Strickleiter nach unten und Anne
kletterte hinterher.

Die Geschwister gingen zusammen durch
den sonnenhellen Wald. „Wie das neue
Schuljahr wohl wird?", überlegte Anne laut.

„Und wo ich wohl sitzen werde?", murmelte
Philipp. „Am Fenster oder in der Nähe der Tür?"

„Ob Sandy und Jenny in diesem Jahr wohl auch wieder mit mir Sport haben?", rätselte Anne.

„Und ob Paul wohl wieder mein Tischnachbar ist?", fragte Philipp.

„Was ist eigentlich mit Johannes? Geht ihr wieder zusammen in die Kunst-AG?", wollte Anne wissen.

„Hoffentlich", meinte Philipp. „Wer wohl die neue Bibliothekarin ist? Und wie die neue Musiklehrerin sein mag?"

„Hm, und was die wohl für Nasen haben?", fragte Anne.

Philipp lachte. All diese Fragen über die Schule machten ihn auf einmal gar nicht mehr nervös. Jetzt war er nur noch auf die Antworten gespannt. Er ging schneller. „Und wie lange wir wohl bis zur Schule brauchen, wenn wir richtig schnell gehen?", fragte er.

„Und wenn wir rennen?", meinte Anne.

Sie rannten los.

Der Wind wehte durch die Zweige der
Bäume, Blätter segelten durch die Luft und
auf den Ästen sangen die Vögel im sonnigen
Montag-Morgen-Wald von Pepper Hill.

Das Abenteuer
ist noch nicht vorbei!

Wenn du wissen willst, wie die Mission weitergeht,
dann begleite die beiden in den folgenden Bänden:

Band 37 – ISBN 978-3-7855-6322-9

Band 38 – ISBN 978-3-7855-6323-6

Mary Pope Osborne lernte schon als Kind viele Länder kennen. Mit ihrer Familie lebte sie in Österreich, Oklahoma, Florida und anderswo in Amerika. Nach ihrem Studium zog es sie wieder in die Ferne und sie reiste viele Monate durch Asien. Schließlich begann sie zu schreiben und war damit außerordentlich erfolgreich. Bis heute sind schon über hundert Bücher von Mary Pope Osborne erschienen. *Das magische Baumhaus* ist in den USA und Deutschland eine der beliebtesten Kinderbuchreihen.

Petra Theissen, 1969 geboren, studierte nach dem Abitur Grafikdesign an der Fachhochschule in Münster. Seit Abschluss ihres Studiums ist sie als freie Werbe- und Kinderbuchillustratorin tätig und mag mit niemandem tauschen: Sie kann sich keinen schöneren Beruf vorstellen.

Jutta Knipping, geboren 1968, hat erst eine Ausbildung zur Druckvorlagenherstellerin absolviert, bevor sie in Münster Visuelle Kommunikation studierte. Schon während ihres Studiums hat sie erste Bücher illustriert. Mittlerweile ist sie freiberuflich als Grafikdesignerin und Illustratorin tätig. Jutta Knipping lebt mit ihrer Familie in der Nähe von Osnabrück und lässt sich von ihrem Kater Momo gern bei der Arbeit zugucken.

FSC
www.fsc.org
MIX
Papier aus ver-
antwortungsvollen
Quellen
FSC® C014496

ISBN 978-3-7432-0211-5
1. Auflage 2018
© 2018 Loewe Verlag GmbH, Bindlach
Dieser Titel enthält die Einzeltitel *Angriff des Wolkendrachen*
und *Der geheime Flug des Leonardo* (aus der Reihe *Das magische Baumhaus*)
© 2008 Loewe Verlag GmbH, Bindlach
Erschienen unter den Originaltiteln
Dragon of the Red Dawn (© 2007 Mary Pope Osborne),
Monday with a Mad Genius (© 2007 Mary Pope Osborne)
Copyright Text: © 2007 Mary Pope Osborne
Alle Rechte vorbehalten.
Erschienen in der Original-Serie Magic Tree House™
Magic Tree House™ ist eine Trademark von Mary Pope Osborne,
die der Originalverlag in Lizenz verwendet.
Veröffentlicht mit Genehmigung des Originalverlags,
Random House Children's Books, a division of Random House, LLC.
Aus dem Amerikanischen übersetzt von Sabine Rahn
Umschlagillustration: Melanie Korte
Innenillustrationen: Petra Theissen und Jutta Knipping
Umschlaggestaltung: Michael Dietrich
Printed in Germany

www.dasmagischebaumhaus.de
www.loewe-verlag.de